世界卷

历史其实很有趣儿

第2卷

曹亚楠 主编

目录

第5章 中世纪的欧洲很有趣儿

第6章 文明之花竞相绽放

第7章

大航海时代的抗争

第 5 章

中世纪的欧洲很有趣儿

“中世纪的欧洲，在战争中发生着翻天覆地的变化。欧洲大学诞生，英法经历了百年战争，马可·波罗开始漫游东方，西班牙无敌舰队溃不成军，等等，都在上演着中世纪欧洲的巨变。

辽阔的封建主庄园

罗马帝国的灭亡，宣告了欧洲奴隶制度的灭亡。但与此同时，封建制度慢慢发展起来，一大批封建庄园也随之建立起来。社会向前进步了，但对于贫苦人民而言，被奴役的命运却没有改变。

封建庄园的出现

罗马帝国，这个站立了1000多年的巨人倒下了，它的倒下标志着欧洲奴隶制度的灭亡。从此，在欧洲这片气候温和、降水丰富的土地上，封建制度开始茁壮成长。

从繁忙的海运通道英吉利海峡和多佛尔海峡，到高大的阿尔卑斯山脉，以及美丽的莱茵河、塞纳河、泰晤士河等河流，在这1000多万平方米的土地上，到处盛行的都是庄园制度。

那么，什么是庄园制度?

庄园制度

这个时期的欧洲农业生产，以庄园为基本组织单位。庄园的规模并不统一，通常一个村子就是一座小庄园。大的庄园会有很多小的附属庄园。庄园的主人叫作领主，他主管着庄园里的所有土地。这些土地则是由农奴负责种植。

领主的住宅和教堂是整个庄园最豪华的建筑。此外，还有农奴居住区、仓库、磨坊、油坊、铁工房、烤面包房和各种手工业作坊等。另外，庄园上还有供集体使用的森林、牧场、水塘等。

庄园里的生活基本上是自给自足，可谓麻雀虽小，五脏俱全。它可以生产各种生活和生产所需的物品，除非万不得已，庄园里的人很少出去采购——除了自己不能生产的盐、铁等。这听上去像是一个美好的世外桃源，但庄园里的人过得并不幸福。

黑暗的庄园

当然，领主是“幸福”的。庄园里所有的东西都是他的，所有的人都要无偿地为他服务。领主掌握着一切，甚至是农奴的生命。

农奴的处境十分艰难，他们终生在庄园里劳动生活，直到死亡后被埋在教堂墓地里。其中有些人甚至一生都没出过庄园一步。农奴要上缴沉重的地

知识链接

领主在庄园中的日子是农奴和农民所不能比的。他们所居住的城堡，虽然看起来高大坚固，住起来却并不是那么尽如人意。比如，由于有防御功能，再加上材料有限，所以城堡都开了很小的窗子，厚厚的墙体使得堡内夏天潮湿，冬天寒冷，住起来非常不舒服。

租，还要承受各种名目的苛捐杂税，如人头税、结婚税、死手捐（即财产继承税）、什一税（向教会交纳的宗教税），农民使用领主的磨坊、烤面包坊也得交税。而除了地租和税，农奴还必须缴纳各种物品，包括家禽、酒以及其他的土特产品，还要无偿地为领主服务，如为领主修桥、筑路、砍柴、运输、盖房等。

后来，农奴因不堪忍受领主的残酷剥削，爆发了很多次的起义。到了欧洲封建制度的后期，农奴起义成了社会进步的重要力量。

欧洲大学的诞生

大学，起源于中世纪的欧洲，它是人类文明史上的一朵奇葩。大学的种子在古希腊、古罗马以及阿拉伯文化的土壤里萌发，充分汲取了东方文明的丰富营养，经文艺复兴的春风化雨，在全世界生根发芽。

大学产生的背景

中世纪的欧洲，文化教育相当落后，文化完全为教会所控制。教会为了强化自身的统治，有意控制着文化的传播。结果，在中世纪的早期，不仅普通的老百姓是文盲，就连王公贵族也往往目不识丁。整个社会只有少数人会读书写字，并且仅仅是为阅读《圣经》和宣传教义而服务的。

中世纪早期的欧洲，人们生活在无知和虚妄之中。随着历史的发展，这种情况发生了变化，人们开始认识除基督教以外的世界，从而打破了教会垄断文化的局面。

尤其是11世纪以后，随着西欧社会经济的快速发展，出现了一些新兴城市，老百姓们迫切需要新的文化生活，十分渴望提高自身的文化水平。

知识链接

在中世纪初期，只有教会拥有学校，教科书只有一本，那便是《圣经》，除此之外，人们就不知道世上还有其他书籍了。

很快，在欧洲许多大城市出现了学校，它们不属于教会，也不受控于教会。这些学校就是后世大学的前身。早先的大学并不是有计划地建设出来的，而是一些渴望求知的学生聚集在一些贤人的周围而自发形成的。

对后世的影响

从公元5世纪至15世纪，史学家们将之称为中世纪。在许多人的思想中，中世纪被认为是一个“科学的空白期”。但是大量资料表明，这一时期的科学发展并没有停滞不前，科学研究也没有中断过。这其中，大学起到了功不可没的作用。大学对于科学知识的传承做出了巨大贡献。

中世纪欧洲大学的出现与发展，使得“黑暗愚昧”的欧洲出现了黎明中的一丝亮光，并促成资本主义萌芽在城市的摇篮中茁壮成长，从而在平民阶层中产生了新兴资产阶级。紧接着，代表着新兴资产阶级发展要求的文艺复兴运动便轰轰烈烈地开始了。

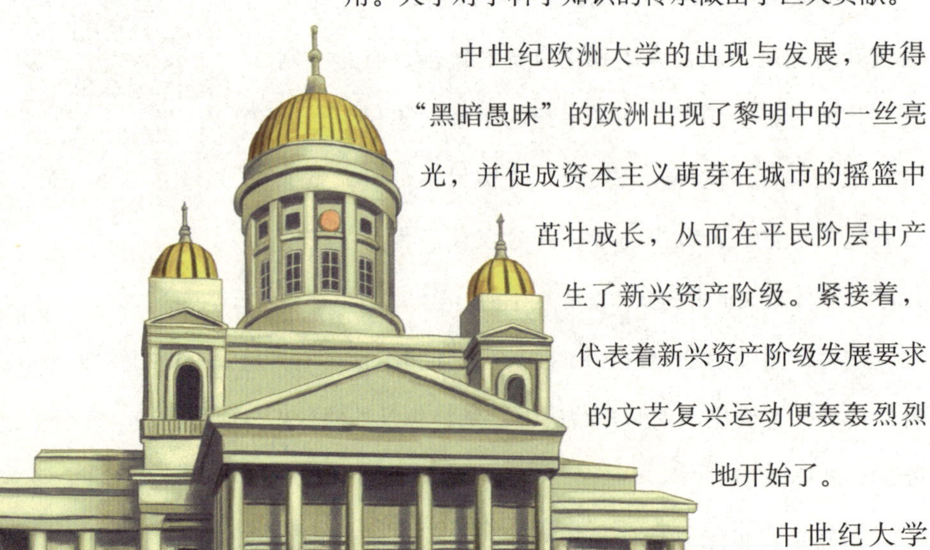

中世纪大学兴起后，希腊文

化和阿拉伯文化，特别是亚里士多德的著作，经过阿拉伯人的传播进入了西欧。这是一场轰轰烈烈的文化传播运动，把古典文化和其他地区的文化翻译成拉丁文，为西方的学者打开了一个全新的世界。

同时，它改变了西方教育制度，形成了主宰西方文化的专业知识分子阶层。西欧的中世纪大学就像一个聚宝盆，取之不尽，用之不竭。

威廉公爵征服英格兰

在被威廉公爵征服之前，英格兰是一个摇摇欲坠的王国，这个由大贵族组成的议会与国王共同操纵着的不太稳定的王国，直到被诺曼人征服之后，封建王权才得到巩固。

拉开攻打英格兰的大幕

英格兰是大西洋中的一个岛国，与欧洲大陆隔海相望。11世纪中叶，英格兰的国王哈罗德不喜欢和其他国家交往，也不喜欢诺曼人。他认为英格兰远离欧洲大陆，和其他国家井水不犯河水，互相不来往，只要守好自己的国土就可以了。

哈罗德并不知道，当时在欧洲有不少政治野心家正虎视眈眈地盯着他的领土。其中，法国诺曼底公国的威廉公爵早就对哈罗德的王位垂涎三尺了，他发现哈罗德不但想法简单，而且还不懂外交。于是，威廉决定用武力将哈罗德赶下台，征服英格兰，建立自己的国家。

威廉是个政治高手，他懂得借用他人的力量来实现自

己的目的。首先，他派人前往罗马，游说当时在欧洲最有影响的罗马教皇亚历山大二世和神圣罗马帝国皇帝亨利四世，争取他们的支持。教皇听信了威廉，加以支持，还赐给他一面“圣旗”。接着，他又忙着去说服他的老邻居丹麦国王，在巨大利益的吸引下，丹麦国王考虑再三后，终于决定和威廉结盟。很快，威廉就组成了一个强大的欧洲联盟军。一切准备就绪，便拉开了攻打英格兰的序幕。

黑斯廷斯之战

1066年8月初，威廉的联盟军已经压境了，哈罗德却毫不知情，他正在英国北部的一个小城里高兴地庆祝自己进兵英格兰北部的胜利呢。威廉率领着联军一路势如破竹，一直杀到黑斯廷斯。直到10月11日，哈罗德才如梦方醒，立即增援伦敦。到了13日的夜晚，哈罗德所率的援军才到达黑斯廷斯的一处营地。哈罗德把统帅部设在了山上，把他的禁卫军部署在山的两侧，在中部还构

知识链接

在临终前，威廉做了两件对英格兰内政影响较大的事情。一是“末日审判书”。为掌握全国的财产、土地和人们的收入状况，确保王室收入，威廉派出了一个个凶神恶煞的调查员，被调查者如同是在接受上帝使者的末日审判，故调查结果被称为“末日审判书”。二是1086年的“索尔兹伯里盟誓”，封建主都必须向威廉行臣服礼。

建了坚实的壁垒。时至14日早晨，威廉联军在一声号令下向着哈罗德所布置的防线推进。哈罗德所率领的英军占着居高临下的地理优势，万箭齐发，杀得侧翼佯攻的联军一路败退，中央主攻的联军也因此受到影响而不得不向着山下退去。

在混战之中，威廉的马匹受到惊吓将他从马背上摔了下来，但威廉并不因此而慌张，他镇静自如，在爬上另一匹马后，他高声呼喊：“诺曼人不会倒下！上帝是站在我们这边的，上帝会给我们最后的胜利的！”诺曼人听到这声高呼，信心倍增，向英军发起了更为猛烈的进攻。但是英军的防守实在太强，根本无法再向前推进半步。此时，威廉改变战术，假装战败，将敌人从坚固有利的阵地引开。哈罗德以为胜利在望，立刻让士兵冲出阵地去追击，这正好中了威廉的计谋，使得士兵损失过半。接着，威廉抓住机会集中优势兵力发动总攻。漫天的箭羽齐刷刷地射向英军的防守阵地，哈罗德不幸中箭身亡，英军阵地顿时乱开了锅。最终，威廉赢得了黑斯廷斯战役的胜利。

威廉并没有满足黑斯廷斯之战的胜利，他乘胜追击，一路上先后攻陷坎特伯雷、吉尔福德等地，最终伦敦也不得不向威廉投降，奉他为王。

东方旅行家马可·波罗

他是中世纪意大利旅行家，曾经越过死亡大漠，走过千山万水，最终来到中国。他在中国一待就是17年。他的所见所闻，穿透了中西方文化的壁垒，让西方人一窥东方古老而神秘的中国。

带着愿望，踏上艰辛的旅途

马可·波罗在15岁的时候，被去往东方经商的父亲尼柯罗回来后讲的奇闻趣事给迷住了，他既羡慕又向往，也很想做一个商人漫游东方。1271年，教皇格里高利十世给元世祖忽必烈写信，派马可·波罗的父亲等人带上礼物以及书信前往中国。

17岁的马可·波罗怀着激动的心情恳求父亲带上自己，父亲答应了，带着他踏上了前往中国的旅途。

时间
公元1254—公元1324年
地点
意大利

他们由水城威尼斯出发，途经地中海，一路南行到达现今的巴格达，由此

知识链接

传说，当年马可·波罗吃了中国的肉馅饼，十几年后回到自己的国家，还念念不忘。有一天，他实在耐不住嘴馋，要亲手在大伙儿面前露一手，可他怎么也不能把肉馅包进面团里，情急之下，他灵机一动：干脆把一团面团平摊在锅底，把肉馅铺在上面。从此，被马可·波罗误打误撞的比萨饼就问世了。

继续前行到达伊朗高原，接着转而向东，在到达阿富汗时，马可 · 波罗因为适应不了高原反应，不得不停下来休养。

第二年，马可 · 波罗才恢复过来，向着塔克拉玛干沙漠进发。面对着茫茫大漠，马可 · 波罗一家面临着最危险的考验。这是一片险恶的沙漠，空气异常干燥，使人感觉非常不舒服，汗水不停地流淌。在当地的方言中，“塔克拉玛干”表示的是“有进无出”的意思。住在沙漠边缘的人们有着这么一个传说：在沙漠中赶夜路的人，如果谁不小心掉了队，就会听到以前在沙漠中死去的亡魂对他喊话，若是他把亡魂的声音当作是自己的同伴在呼唤他的话，那么这个掉队的人就会被引入歧途，据说现在大漠上有很多人都是这样失踪的。

历经种种艰辛，在1275年的夏天，一干人等终于到达了元代的大都，马可 · 波罗这时已经21岁了。他在这座富庶的城市里生活了许多年，记录下了一件件他所遇到的新鲜事物，也给后人记述了一个遥远而清晰的老北京。

《马可 · 波罗游记》

1295年冬末，马可 · 波罗漫游东方归来，当时威尼斯上下轰动，从社会名流到一般市民，争相看望他的人络绎不绝。马可·波罗兴奋地给大家讲述他在东方的所见所闻，但是大多数人只是将信将疑，甚至认为这些都是马可·波罗的胡说八道，所有的一切都是他凭空捏造的。

马可·波罗到家后，他的家乡威尼斯与热那亚两个城市间发生了战争，战争异常激烈，马可·波罗为了保卫家乡，加入了保卫威尼斯的战斗中。结果威尼斯失败了，热那亚人赢得了战争的胜利，马可·波罗也不幸被俘，关进了热那亚的一所监狱里。

在牢房中，马可·波罗总是对着窗外发呆，回想起自己在中国时的所见所闻。他的沉思引起了狱友鲁思狄谦的关注，马可·波罗很高兴地向他讲述了他在东方的见闻，鲁思狄谦是一位作家，身为作家的他对马可·波罗的经历十分感兴趣，建议由马可·波罗口述，他来执笔记录，正好可以打发狱中无聊的漫长时光。4年后，马可·波罗被释放了出来。于是，一部举世闻名的《马可·波罗游记》呈现在人们的眼前。

历经百年的英法战争

英法在1337年到1453年间发生的战争，是世界最长的战争，断断续续进行了116年。这场战争虽然给人类带来了灾难，但也促使人类发展出了诸多的战术和武器，对近代民族国家的形成有着重大的意义和影响。

王位引发战争

1328年，法王查理四世去世。因为他没有儿子，贵族们便推举他的堂兄腓力为王，称腓力六世。这消息一传到英国，英王爱德华三世立即对外宣称，他身为腓力四世的外孙，应该成为法国王位的继承人。

腓力六世气得火冒三丈，为惩戒气焰嚣张的英王，他下令收回原来赐予英国的领地基恩。这恰好让爱德华三世找到了挑衅的借口，他随即册封自己为法国国王，并且组织军队准备进攻法国。

战争经过

战争一开始，英国就凭借强大的海军轻松击溃了法国舰队，顺利通过了英吉利海峡，踏上了法国国土。

虽然首战失利，但腓力六世仍然信心十足，因为法国拥有当时欧洲最为

精锐的骑兵部队，他扬言："英国人将在我们的铁骑下粉身碎骨，为他们的无礼傲慢付出惨痛的代价！"但不久，腓力六世就品尝到了轻敌的苦果。

战场上，法国骑兵遇到了训练有素的英国弓箭手。当骑兵排着整齐队列气势汹汹地逼近时，英国阵前的弓箭手依然纹丝不动，直到敌人进入弓箭射程内，才不慌不忙地拉满大弓，随着一声令下，万箭齐发。箭如同一阵黑色的疾雨扑向敌人，身披厚甲的法国骑兵被射得人仰马翻，纷纷倒地。

这场大战让英国人掌握了主动权。接下来，他们连连取胜，最终迫使法国割让出大片的领土。

到了1364年，法王查理五世继位。他决心一雪前耻，重新从英国人手中夺回失地。他命令军队不再和英军正面交锋，而改用少量精兵扰袭，一步步蚕食其有生力量。新战术的运用让战局大为改观，十多年后，法国几乎收复了全部失地。

法国人的胜利没有持续太长时间。1380年继位的法王查理六世根本没有能力治理国家，致使国内内斗不断。英国又趁火打劫，很快就占领了法国首都巴黎和北部地区，并迫使法国签订《特鲁瓦条约》。条约规定，当查理六世死后，法国王位将由英王亨利五世及其后裔继承。

1422年，查理六世和亨利五世都相继死去，英国随即宣布亨利五世之子成为英、法两国国王。

少女贞德解救法国

法国皇太子不甘心从此失去王位。他率领军队退守南部，自立为王，称查理七世。英军丝毫不给他喘息的机会，立即挥军南下，团团围住通往南方的门户奥尔良城。

此城一旦失守，法国将彻底沦陷。眼看着法军连连失利，查理七世心急如焚。就在这时，有一个叫贞德的农家少女求见，说她能解救奥尔良城。

查理七世看她瘦小的模样，惊奇地问："你一个小姑娘，怎么能上战场杀敌呢？"

贞德坚定地说："我心里有祖国和人民，更有必胜的决心和勇气。我一定会成功解救奥尔良的！"

查理七世为她的勇气所感动，同意让她率领一支军队去解救奥尔良。在战斗中，贞德一直高举旗帜冲在最前方，士兵们受到鼓舞，一个个变得勇敢无畏，士气高涨。最终，法军在贞德的率领下，解救了奥尔良，扭转了战局。

可就在这时，懦弱的法国贵族却开始畏惧贞德的影响力，背信弃义地向英军出卖了她。1430年，年仅20岁的贞德被英国人判处为巫女，并被绑在十字架上活活烧死。贞德牺牲的消息在法国不胫而走，激发了法国人民前所未有的爱国热情，他们高喊着"为贞德复仇"的口号奋勇杀敌，夺回了一座座被占领的城堡。

到1453年，英军投降。持续百年的英法战争终于落下了帷幕。

查理大帝的赞歌

查理生于742年4月2日，是大王子，从小便跟在父亲的身边。他善于骑射，精通文韬武略。而且身材健壮，样貌俊美，是一个典型的骑士。他一生中绝大部分的时间都被花在了战争上。

罗兰之歌

公元778年，查理率领着大军向南进军西班牙，战争中双方死伤惨重。

哥尔多瓦国王提出休战议和，查理的侄子罗兰表示强烈反对。但是，鉴于当时不利的战况，查理最终选择了议和。两军休战后，查理便班师回国了，让罗兰担任后卫防务。

谁知敌人出尔反尔，事先在险要的比利牛斯山脉的一个险要峡谷两侧埋伏了大量的人马。到了夜半时分，围困了罗兰的后卫队。当听到求援号音后，查理率大军赶回峡谷，最终英勇战死。

这次惨烈的大战，后来被诗人加工成法国最早的一部歌颂民族英雄的史诗——《罗兰之歌》。

查理称帝

后来，查理发动了长达33年之久的战争。在几十年的征战之后，查理所统治的王国成了当时欧洲大陆上最为强大的国家。当时的版图包括了现今的法国、瑞士、荷兰、比利时、奥地利以及德国、意大利等大部分地区。

当时教皇见查理的势力强大，打算拉拢他，于是为他举行了十分隆重的加冕仪式，封他为“罗马人的皇帝”。查理当然也乐于接受，并亲自称帝。从此，查理成了“查理大帝”。他将自己的帝国当作古罗马帝国的延续。

知识链接

《罗兰之歌》是一部气势雄壮的英雄史诗，是以中世纪时期的民间语言罗曼语写成的。史诗中描写的主要人物是罗兰，他是一个英勇的骑士，他的身上集中表现了众多骑士高贵的品质。

矮子丕平的赠礼

在741年10月，一代英雄帝王查理逝世。在他弥留之际，他将两个儿子丕平三世和卡洛曼喊到跟前，把王国分给了他们。老国王死后，两个兄弟便开始相互争斗起来。5年后，丕平三世获得了最终的胜利，而他的兄弟只好失落地归隐修道院。

加冕称王

丕平三世的个子不怎么高，因此又被人们称为“矮子丕平”。尽管他长得其貌不扬，但是十分的精明，自担任宫相以来，他将他的兄弟“懒王”要弄于股掌之中，独揽国家大权。然而这还不能使他满足，国王之位才是他的理想目标。但是在天主教为国教的法兰克，要想名正言顺地继承王位，需要得到罗马教皇认可才行。

丕平派出心腹去拜见当时的教皇埃蒂安纳。那个使者来到教皇面前，向教皇提问道：“是让一个光有虚名的人做王合适，还是让一个真正掌握着实权的人做王合适？”教皇自然清楚丕平的用意，于是笑着说：“依我看来，还是让一个有实力的人来当国王合适。”

时间
公元754年、公元757年
地点
法兰克

丕平一听到使者的回报，心中十分激动，看来教皇是支持他的。不过天下可没有白吃的午餐，教皇也是有条件的。原来，教皇所统治的地区正遭受着伦巴第人不断的侵扰，教皇的统治岌岌可危，随时都有可能被推翻。因此，教皇必须有一个强有力的后盾——拜占庭势力薄弱，根本靠不住，而丕平的出现，就是最好的人选。就这样，二人一拍即合，“狼狈为奸”。

随后，丕平在苏瓦松将教皇的最高“旨意”公布天下——谁要是敢反对就把他扫进垃圾堆。贵族们只好同意，把丕平推上了王位，将“懒王”关进了修道院，软禁了起来。

公元751年，大主教卜尼法斯为丕平施礼加冕。这一天，丕平等了好久，如今终于如愿以偿。他微笑着走向国王的宝座，接受大臣们的参拜，心中别提多高兴了。

丕平的礼赠

做了皇帝，丕平还是不满足。得不到罗马教皇的亲自加冕，他是吃不好，睡不香。因为如果能让罗马教皇亲自加冕，那么对他的篡位行为，谁都不会说三道四了。但是，罗马教皇的地位非同一般，不是轻易能说服的。

第二年，伦巴第人攻陷拉文纳，意大利岌岌可危。经过垂死挣扎，罗马教皇实在撑不住了。公元754年，新任教皇只好向丕平搬救兵。丕平十分高兴，感到机会终于来了，于是用未来的加冕仪式作为条件，与罗马教皇联合起来，对伦巴第人展开了反攻。

丕平在754年、757年两次南征意大利，击败了与教皇为敌的伦巴德王国，将得到的拉温那与罗马之间的“五城区”转送给教皇统治。罗马教皇趁机以此为基础，在意大利的中部地区建起了一个政教合一的国家。这一事件在历史上被称为“丕平的礼赠”，即“丕平献土”。

“扎克雷”起义

一群贵族妇女躲在城里一座被河流环绕的坚固堡垒里，见农民们手持铁钗、棍棒气势汹汹地冲进堡垒，她们惊恐万分地尖叫着：“扎克雷来啦！扎克雷来啦！”

农民的愤怒

太阳还没有下山，没有一丝风儿，法国北部的一群农民正在田里辛勤地劳作着。这个时候，有个农夫仰天长啸：“如果不是你们这些可恶的大官，我们又怎么会在这里受罪呢！”话音刚落，便有一传令官骑马而来，他要求人们把手中的农活暂且放下去攻打巴黎，农民们听得一头雾水。

时间
公元1358年
地点
法国

原来事情是这样的，法国国王约翰二世率军与英国人交战被俘，英国人可不是好惹的主，他们借机向法国政府索取一大笔赎金。王太子为了把老约翰给赎回来，不顾人民的利益，大肆搜刮百姓的血汗钱，引发了广大巴黎群众的不满。愤怒的市民冲进了王宫，将王太子赶出了巴黎。为了镇压市民，王太子竟然发布命令要求农民去攻打巴黎。

1358年5月，王太子的命令在农民中传开了，农民们再也不能忍受了。一位名叫吉约姆·卡尔的年轻人走到人群中，向大家发出了号召：“兄弟们，那些万恶的英国人烧毁了我们的村子，杀了我们的妻儿，而王太子那帮浑蛋竟帮着英国人来吸我们的血，大家还等什么！赶紧拿起武器争回我们的尊严！”农民们立即爆发出愤怒的吼声，自发组成了庞大的起义队伍。

起义军遭镇压

起义队伍在卡尔的带领下，接连不断地攻打贵族们的堡垒和府宅，杀死大大小小的贵族成员不计其数，烧毁了他们的房子、田契，许多贵族老爷如同丧家之犬一般，闻风而逃。领导市民们起义的首领艾田·马赛听闻农民们举行了轰轰烈烈的起义，十分激动，立即联系农民军作外援。很快，两股力量合并在了一起，起义军的力量更加强大了。

封建贵族老爷们都感到十分震惊。其中有一个被冠以“恶人”的大贵族查理，迅速带头纠集了一支队伍气势汹汹地向起义军们杀来。在此过程中，大不列颠的领主也派兵前来助阵，镇压起义军。

6月10日，卡尔集中了所有军力，准备与“恶人”查理决一死战。不料巴黎市民起义军的首领艾田·马赛却因为害怕农民军的行动会损害到他的利益，在这关键时刻，他竟然选择了叛变，与农民起义军解除了联合之势。但是，农民起义军们并没有因此而退缩，他们虽然只有7000余人了，但他们誓与查理血战到底。

要诡计是老奸巨猾的查理的拿手好戏，他看到起义军秩序井然，威武雄壮，不敢硬拼，于是假惺惺邀请卡尔进行谈判。率真的卡尔轻信了他的花言巧语，亲自到查理军中谈判。哪知查理竟然背信弃义，还将他扣了下来，对他施以严刑，卡尔最终被他残酷地杀死了。查理趁着农民起义军群龙无首，集中优势兵力一哄而上，将起义军打得四处溃散，即使是老弱妇孺也不放过。声势浩大的起义军就这样被残酷地镇压了！

知识链接

“扎克雷”起义是法国乃至是世界历史上都相当罕见的一次大规模反封建农民起义。“扎克雷”一词也叫“呆扎克”，在法语中是“乡下佬”的意思，是贵族对农民的蔑称。

瓦特·泰勒起义

文艺复兴前的欧洲，政治极为黑暗，贵族之间纷争战乱不断，民众则生活在水深火热之中。地处欧洲一隅的英格兰，此时与法国激战正酣。为了维持战争的开销，英格兰的百姓承受了巨大的税赋压力，当压迫绷紧到无法承受时，便会有强烈的反弹。

割头税

1348年，可怕的黑死病席卷了英国全境，致使人口大减，劳动力缺乏。为维持英法百年战争的高额军费开支，国会从1377年开始征收人头税，额度还不断增加。这样一来，老百姓的生活就越发难过了。为了逃避官府追税，很多人不得不背井离乡。

那时，肯特郡有个农民叫瓦特·泰勒，因为贫穷根本缴纳不起人头税。这一天，税吏又上门来催促。泰勒不由愤恨地说："这哪是什么人头税，简直就是割头税！"当天夜晚，他们一家人匆忙收拾了几件破衣烂衫，趁着夜色偷偷溜出了村庄。

第二天天亮时，他们来到了一个小镇。在那里，他们遇到了一个名叫约翰·保尔的教士。保尔得知了他们的遭遇后，十分同情，深有感触地说："英国的情况真是糟透了，贵族老爷们锦衣玉食，老百姓却连吃的都没有。我们要想过上好日子，除非废除农奴制，获得自由！"泰勒觉得很有道理，连连点头。两人越说越投机，秘密约定，联合所有受苦受难的农民兄弟，发动起义，为废除农奴制，争取自由而战。

泰勒起义

1381年5月的一个晚上，泰勒率领一支起义军，冲进了肯特郡长官的官邸。平日里作威作福的长官被处死，官邸也被付之一炬。

瓦特·泰勒起义的消息迅速传开，各地农民积极响应，没过多久，英国的大部分地区都飘扬着起义军的战旗。6月，瓦特率领军队浩浩荡荡向伦敦进发。在伦敦居民的帮助下，他们顺利攻入城区。一入城，他们立即处决了几个主张征收人头税的大臣。国王查理二世闻风仓皇躲进伦敦塔。起义军随即将伦敦塔围了个水泄不通，国王和大臣们急得团团转。这时，泰勒要求会见国王，国王不得已答应了。

国王脸色苍白，说："提出你们的条件吧。"泰勒说："我们要求废除农奴制和劳动剥削，在全国实行自由贸易。另外，赦免迫于无奈起义的人民。"迫于形势，国王同意了。很多起义农民听到国王的承诺，就心满意足地返回家乡。但是还有一部分人仍然围困住伦敦塔，提出废除雇工法令和没收教会地产等进一步要求。可是他们哪里知道，国王已经开始暗中部署，派人到各地调集人马，准备围剿起义军。

英雄之死

为了满足起义群众的要求，泰勒提出与国王进行第二次谈判。这一次，伦敦市长事先对会场进行了安排，让一些士兵化装成起义军埋伏起来，泰勒却不知道自己已经踏入了一个陷阱。泰勒提出了起义军的要求。国王笑着说："这些我都可以答应，先让市长先生记录下来吧。"伦敦市长立即上前，当他靠近泰勒时，突然举刀狠狠地插向泰勒的胸口。泰勒这才知道自己上了他们的当，他捂着胸口痛苦地倒下了。

泰勒牺牲的消息传开，起义军乱成一团，纷纷向城外拥去。这时，国王征调来的军队已经入城，见到起义军就挥刀大肆残杀。伦敦城顿时成了人间地狱。

攻占君士坦丁堡

战争中，土耳其人占领君士坦丁堡全城。君士坦丁堡的沦陷，标志着延续一千多年的东罗马帝国的灭亡。此后，土耳其的统治者把君士坦丁堡易名为伊斯坦布尔。

剑拔弩张

罗马帝国时期，由于多瑙河和幼发拉底河边界经常受到哥特人和波斯人的威胁，东罗马帝国皇帝君士坦丁决定在帝国的东部建造一座新都城，他把城址选在了拜占庭。拜占庭古城是古希腊的移民城市。经过5年精心施工，这座古城变成了规模宏大、豪华壮丽的新都城。330年5月11日，君士坦丁宣布迁都拜占庭，并把它改名为君士坦丁堡，意思是“君士坦丁之城”。自此，君士坦丁堡作为东罗马帝国的首都，成为地中海东部政治、经济、文化交流的中心。随着君士坦丁堡在军事、经济方面的重要性逐渐显现，一些国家开始对它虎视眈眈。土耳其国王穆罕默德二世想把它变成伊斯兰教中心，于1453年年初亲自率20万大军和300艘战舰把君士坦丁堡围了起来。

初试锋芒

1453年4月，战争终于爆发了。土耳其人把突破口选在了西面，他们

用大炮对城墙进行了狂轰滥炸。那些坚厚的城墙在轰击下不断崩裂。土耳其人又扛着粗大的树干和滚动结实的木桶，冲向护城壕。城内的军民看穿了他们的企图，枪炮顿时密集起来，土耳其人只得放弃了强攻。

接着，土耳其人又打算挖地道进入城内，可他们的地道还没挖好，就被守城人用炸药给炸毁了。此计不成，又生一计。土耳其人又用上了攻城塔车。那种塔车上有塔堡，外面包着三层厚厚的牛皮，弓箭手和炮火都藏在车上，还有一架靠滑轮升降的云梯。可惜这种在土耳其人看来能出奇制胜的塔车，一靠近城墙就被守城的官兵拿火把烧着了。土耳其人又遭惨败。

生死搏杀

在遭受了惨重的伤亡后，穆罕默德二世重新制订新的进攻计划。在冥思苦想了很久以后，他终于想出了一条攻城的妙计。这次，穆罕默德二世把进攻地点选在了城北的金角湾。他们连夜把80艘战船开到了金角湾的侧面，然后在那里架起了浮桥，筑起了炮台，再次向君士坦丁堡发动进攻。

城中的官兵听到隆隆的炮声后，手忙脚乱开始应战。在土耳其军接连不断的炮火轰击下，西面的城墙被炸开了一个缺口。土耳其军发疯般向城里冲去。可是城里的军民英勇奋战，两次把土耳其人打得败下阵来。最后，穆罕默德二世亲自上阵，他们才占领了君士坦丁堡。

知识链接

君士坦丁堡是东罗马帝国的首都，原名拜占庭，在公元前658年由希腊人所建。罗马帝国皇帝君士坦丁大帝扩建拜占庭，并于330年迁都拜占庭，改称为君士坦丁堡。

掷出窗外事件

捷克原先被称为波希米亚，到10世纪的时候，就有国家形成了。这里的土地肥沃，百姓们的生活都比较殷实。在16世纪的时候，德意志帝国占领了捷克。当时统治捷克的大公出自哈布斯堡家族，因此捷克便成了哈布斯堡家族的领地。

人民愤怒了

自从斐迪南这个捷克人眼里的“魔王”一上台，他就直接否认哈布斯堡家族曾经有过的承诺。无论是捷克法律，还是议会，包括自主权都通通被取消了。整个国家都布满了他的眼线。捷克人彻底地没有自由了，人们的心中一直在蕴蓄着怒火。而发生在1618年5月23日的“擦枪走火”事件，无疑是火上浇油。

当日一些群众手执武器气势汹汹地冲进了王宫，国王吓得冷汗直流。不一会儿，群众在宫中搜出了斐迪南国王的两个臣子。两人平日里趾高气扬，而现在在愤怒的群众面前已没有了昔时的威风，一副可怜兮兮、瑟瑟发抖的样子。

这时群众中不知是谁突然大喊一声：“把这两个家伙给扔到窗外

去！”“对，摔死他们！”顿时有无数愤怒声音以排山倒海之势回荡在人群上空。于是人们按照捷克人对坏蛋的惩罚方式，把他们从20多米高窗台狠狠地摔了下去。这便是有名的 “掷出窗外事件”。这一“擦枪走火”事件让众多的欧洲贵族老爷们大为震惊。

随后，斐迪南决定借助哈布斯堡家族的势力发动一场战争。他要一举消灭捷克，让捷克的穷佬们乖乖地服从自己的统治，于是“三十年战争”开始了。

功亏一篑

在斐迪南的高压之下，各地的起义风起云涌。刚开始的时候，起义军势如破竹，战无不胜。奥地利的新教徒们也不满皇帝的一些政策，借此机会纷纷响应。1619年6月，起义军开始向奥地利进军，直逼维也纳。

听闻捷克的起义军已经打到了维也纳的城下，斐迪南吓得脸色惨白，那些大臣们也吓得不知所措。这个时候，奥地利的老国王已经去世了。假如这时起义军一鼓作气攻进王宫，胜利就将属于人民。可惜就在这千钧一发之际，掌握起义军领导权的捷克贵族们却犹豫了。这时斐迪南正好也派出了一个大臣作为代表与起义军的领袖们谈判议和，实际上这只是斐迪南要的缓兵之计，暗地里却早就派人去西班牙国王那里搬援军了。

月黑风高之夜，正当起义军战士正在酣然入梦的时候，西班牙军队从背后偷偷发动了袭击，致使起义军猝不及防，伤亡惨重，节节败退。而更重要的是，那些领导者们开始动摇，纷纷叛逃，这严重削弱了起义军的力量。

1620年年底，两军在捷克的首都布拉格附近对垒，起义军很快就被打败了。斐迪南又重新开始高高在上了。

知识链接

“三十年战争”发生在1618年，是以“掷出窗外事件”为始点。这本是神圣罗马帝国的内战，可是随着战争的越来越白热化，渐渐地转化成欧洲一些主要国家的大规模、国际性的战争。因为战争持续了整整30年，所以被称为“三十年战争”。

捷克的胡斯战争

1412年，罗马教皇派人到捷克去卖“赎罪券”，还对当地的人们说：人一生下来就是有罪的，人死后的灵魂更是有罪的，因此要想死后升入天堂，必须得买“赎罪券”才可以。

战争的导火索

出身贫苦的胡斯，从小就体会到祖国和人民的苦难。胡斯曾任布拉格大学的校长，他深深地爱着他的国家和人民。胡斯强烈要求教会应当改革现有的制度，把教会所拥有的土地全部分给农民耕种，不许牧师再用传教的方法去诈骗钱财。他说：“如果买‘赎罪券’就可以赎罪的话，那么只有万恶的富人才可以上天堂了，那么这个天堂不上也罢。”人们听了胡斯所说的话，终于如梦方醒，再也不

相信教会这套鬼把戏了。他公开斥责教皇和主教们都是魔鬼的仆人，因此被国王革除了布拉格大学校长的职务。胡斯索性来到农村，用人民熟悉的语言宣讲他反对教会欺骗农民的事情。在农民的心目中，胡斯是解救他们的真勇士。

1414年，罗马教皇为了除去胡斯这个心头刺、眼中钉，竟诱骗胡斯去参加在德国举行的所谓的宗教会议。在会议中，教会的几个大长老在教皇的指使下根本不容胡斯申述，还蛮横地将他关进了监狱。

胡斯在法庭上坚持真理，对教会强加的罪名一律驳斥，但是与教皇狼狈为奸的法庭哪能容他申辩，宣布他是异端分子，最后竟然将他活活地烧死在了康斯坦茨广场上。火刑柱上的火苗还没有彻底熄灭，捷克境内就已经燃烧起熊熊的起义之火。

胡斯起义

胡斯起义发生在两个地方，这两个地方分属于两个派别，其中有一派被称为塔波尔派，是以塔波尔城的百姓为主的一派，另一派是以布拉格大学师生为领导核心的“圣杯派”。

知识链接

在胡斯的心目中："在上帝面前，一个有着虔诚心灵的贫穷农夫，甚至是一个字也不识的乡下女人，都要比一个富得流油却假装满口仁义道德的大主教要高尚得多。"

胡斯起义爆发的时候，捷克当时是由德皇西吉斯孟德代为统治的，从1420年的4月到其后的11年里他曾先后5次派军队前来镇压。两派起义军由约翰·杰式卡统一指挥，他曾经是一名军人，有着丰富的作战经验。参加起义军后，因为他战斗中的杰出表现，被大家推举为起义军的头领。因为缺少战马，他命人把战车用铁链子连起来抵挡敌人骑兵的攻击，躲在战车后面的士兵可以通过挠钩将敌人钩下来，这便是有名的"战车堡垒"战术。这种方法在战斗中大显神威，多次打退敌人，导致最后敌人只要一听到战车的隆隆声便心惊肉跳，望风而逃。

不幸的是，约翰·杰式卡在一次战斗中身亡了，他的牺牲，使得起义军的内部不再像以往那么团结。圣杯派觉得他们的要求已经达到了，而这些和他们并肩作战的农民起义军们甚至还有可能损害到他们的利益。德皇趁机派使者来秘密拉拢圣杯派，圣杯派立即投向了德皇的一方。

1434年5月底，德皇和圣杯派组成联军与塔波尔派发生激烈的战斗，在敌强我弱的情况下，塔波尔派大败，上万名塔波尔派战士被俘杀害。胡斯战争就在圣杯派可耻的叛变中失败了。

无敌舰队的覆灭

对于欧洲人来说，中世纪是一个黄金时代，这里所说的“黄金时代”并不是讲这些国家发展得如何快，而是说这些国家在这一时期通过掠夺其他区域获得了大量的财富。当两个同样具有贪婪野心的国家把目光放在了同一块土地上时，战争也就无法避免了。

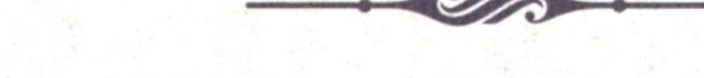

不休的争夺

自从哥伦布无意间发现了美洲大陆后，西班牙的统治者便向那里派遣了大量的军队去掠夺财富，使得西班牙在短短几年内成为欧洲最富有的国家。

西班牙人是决不允许别人跟他们分享自己殖民地利益的。英国人仗着自己刚崛起的海上力量大肆抢劫西班牙的运宝船，这是对西班牙人赤裸裸的挑衅。

英国和西班牙两国本保持着良好的关系，可是在16世纪开始的时候，英国国王亨利八世与西班牙王室一个贵族女子的风流往事为两国之间的关系埋下了祸根。到了伊丽莎白登上女王之位后，两国之间为了争夺殖民地从而导致矛盾升到了极点。

当时，英国海军力量并不怎么强大，与海上强国西班牙的海上舰队还有着很大的差距，只能暗中支持海盗头子豪金斯等人组织起来的海盗船在海上进行抢夺活动。

到了1588年，两国之间的海上争斗达到了最为激烈的程度，西班牙王室亲自组建海上无敌舰队，而英国也动用一切力量组织起一支可以与无敌舰队抗衡的海军力量。

无敌舰队的悲剧

1588年5月底，西班牙的无敌舰队出发了，向着远方的英国气势汹汹地杀去。无敌舰队由132艘战舰组成，船上有水兵8000多人，摇桨手2000多人，而且船上还满载着2万多名步兵。

不过老天似乎并不怎么保佑西班牙人，无敌舰队刚出发不久，就在海上遇上了强烈的风暴。狂风大浪使得战船失去了控制，士兵们被晃得根本站不稳。无奈，舰队只好返回。等到7月，舰队才驶入英吉利海峡。然而英国舰队并不打算正面迎敌，只是让少数快船绕过敌船，跟在它们后面，等待机会对那些掉队的敌船施以偷袭。英国人把这种战术叫作“拔毛战术”。

8月6日，无敌舰队来到法国加莱附近的海面上。第二天的夜里，天空昏暗一片，海上吹着强劲的东风。英国人当然不会放过这样绝好的机会，他们巧施妙计，把6艘旧船点燃，船内装满了许多可燃物品。6条火船顺着东风向着无敌舰队疾驶而去。很快，就有许多战舰着了火。

到了8月8日，元气大伤的西班牙舰队与英军舰队在海上相遇，仇人见面，分外眼红。英国军舰仗着行动灵活，将“无敌舰队”的许多船只都打沉了，在持续了整整一天的战斗后，无敌舰队最终不敌，惨败而逃。

知识链接

为了保卫海上交通线的安全和利益，西班牙王室建立了一支由百十来艘战舰组成的海上舰队。这支舰队横行于大洋之中，西班牙人骄傲地称它为“无敌舰队”。

“雷帝”伊凡四世

伊凡四世是个聪慧能干的人，其活动的特点是具有远见和坚定的目的性，并具有进步的意义，在沙皇俄国的开国史上占有非常重要的地位。但在另外一方面，他却使人感到惊骇和恐怖，有“雷帝”之称。

童年生活

1533年，一个年仅3岁的孩子被抱上王座，即位俄罗斯大公（古俄罗斯最高统治者的称号）。日后，这个孩子成为俄罗斯历史上第一位沙皇，他就是“雷帝”伊凡四世。

伊凡四世的父亲临死前为保障儿子日后王位的稳定，选定了7位大贵族为摄政大臣，组成摄政会议。而伊凡四世的母亲为了争夺摄政王之位，与摄政大臣爆发了激烈的冲突。

由于从小就看到人们为了争权夺利而互相残杀，伊凡四世不由萌生了专制的思想，幻想有一天能像古罗马的恺撒一样实行独裁统治。

伊凡四世8岁时，母亲去世了，年幼的小沙皇成为一个孤儿。而这时，7位摄政大臣之间的争斗愈演愈

时间
公元1530年－公元1584年
地点
俄罗斯

烈。最后舒伊斯基占了上风，成为摄政王统领众臣。这人相当蛮横，欺负伊凡四世年幼无知，在宫廷上为所欲为，甚至当着众人的面羞辱伊凡四世和他弱智的弟弟。这在小伊凡心中埋下了仇恨的种子。

舒伊斯基为了保住自己的地位，整天监视朝堂上的大臣，只要是反对他的，就打压迫害。可他万万没有想到，一直被他瞧不起的小沙皇已经渐渐长大，即将大展拳脚。

1543年冬季的一天，贵族们正在大厅里召开会议。舒伊斯基照例坐在正中央，一副颐指气使的模样。突然，两名卫兵气势汹汹地闯进来，二话不说就逮捕了他。舒伊斯基奋力挣脱，指着士兵怒骂："是谁这么大的胆子？竟敢抓我？"话音刚落，伊凡四世走进了大厅，稚气的脸上一片傲然，在场所有的人都惊呆了。从此之后，大臣们再也不敢小看年仅13岁的君主。

一代明君

1547年，伊凡四世亲政，并正式自称为沙皇。沙皇俄国自此诞生。

雄心勃勃的少年沙皇开始了一系列的改革：建立了新的贵族代议机构；改革了司法制度；确立了俄国国徽。在众多的改革中，数军事改革对俄国影响最大。伊凡四世下令，建立职业的国家军队，还成立了一个全新的兵种——射击军。这支部队装备有当时最先进的火器，是当之无愧的王牌军。后来的历史证明，正是伊凡四世的高瞻远瞩，才让俄罗斯在以后的200年间都走在了军事强国之列。

在对外政策方面，伊凡四世开始了俄罗斯对外的扩张。伊凡四世选择的第一个目标是喀山汗国。他先后3次出征，前两次都失败了。第三次，伊凡四世带领了一支15万人的庞大军队，另外还配备了150门火炮。很快，喀山汗国就在武器强大的俄军面前败下阵来，被并入了俄罗斯版图。

伊凡四世没有就此满足，他指挥军队继续向外挺进。几年下来，阿斯特拉罕汗国、西伯利亚汗国、诺盖大汗国和南方草原上的哥萨克人都相继成为俄罗斯的囊中之物。

正当帝国的事业蒸蒸日上时，一个噩耗突然传来。他的皇后格林斯卡娅因为一场宫廷阴谋暴病身亡了。

一代暴君

格林斯卡娅皇后是一位美丽善良的女性，她让从小生活在尔虞我诈环境下的伊凡四世得到了无限温暖。而皇后的突然去世，让伊凡四世变得多疑敏感，做事也越来越残暴恐怖。他不再信任臣子，为了把权力集中在自己手中，他甚至宣布俄罗斯的土地为沙皇一人所有。这样一来，贵族们失去了自己的领地，成为只能依靠国家俸禄生活的“公务员”。他们纷纷向沙皇抗议。伊凡四世却一意孤行，还采取了严厉措施镇压反对者。

1565年，伊凡四世组建了一支特别军团，团里所有士兵都穿黑色长袍，骑黑马，马头上悬挂鲜血淋漓的狗头和扫帚——象征他们将把沙皇的仇人咬死并扫地出门。这支让人闻之色变的军队整日在城市里巡行，逮捕和处死了大量的贵族。有时候，一天处死的人流的鲜血，竟会让河流变成红色。

晚年的伊凡四世脾气更加暴虐。有一次，他在盛怒之下用手杖活活打死了长子伊凡太子。他的残忍、冷酷让人感到害怕，所以人们又畏惧地称他为“雷帝”。

“领路人”彼得大帝

彼得生于1672年，他是老沙皇亚历克西斯和其第二个妻子的独子。小时候的彼得就有一支属于自己的“军队”，长大后，彼得用这支“军队”打败了自己的敌人。

彼得的少年军团

1682年，刚满10岁的彼得登基，成为俄国罗曼诺夫王朝的第四代沙皇。彼得特别喜欢战争游戏，他在村里召集了一帮同龄的孩子，编成两个“游戏军团”，指挥他们列队、行军和打仗。随着年岁增长，彼得的“军队”渐渐成长起来，从几十个人扩大到几百人，最后达到了几千人。后来，彼得把他的“游戏军团”改组成为正式军队。

1689年，同父异母的姐姐索菲亚

发动政变，企图废掉彼得自立为女沙皇。正是彼得少年军团的英勇作战，才挫败了索菲亚的阴谋，让17岁的彼得开始了亲政之路。

向西方取经

1697年，荷兰阿姆斯特丹的一家造船厂来了一个神秘的年轻人。这个人身高近两米，强壮有力，向老师傅请教造船技术时总是恭恭敬敬的。平日休息的时候，这个年轻人也闲不下来，不是参观手工工场、博物馆，就是拜访著名的学者和科学家，还诚恳地邀请他们去俄国工作。直到4个月后，年轻人离开工厂，人们才知道他是俄国沙皇彼得一世。人们非常好奇，这个彼得一世葫芦里到底卖的是什么药呢？

原来，亲政后的彼得发现，俄国在科学、文化各个方面都落后西欧好几百年。他暗暗发誓，一定要带领俄国进入世界强国的行列。彼得想到的第一步就是向西方学习，于是他化名为下士彼得，率领一个250人的庞大使团前去西欧考察。经过一年的游历，彼得回到了俄国。

这天，几位大臣前来问候远道归来的沙皇。没料到，彼得一看到他们垂在胸前的长胡须，二话不说操起剪刀就给剪了下来。大臣们一时目瞪口呆——因为当时俄国人把剪胡子看作是违背上帝的罪孽之事，但彼得则认为这是落后的标志。之后，俄国上下掀起了一场轰轰烈烈的剪须运动。一时间，帝国的警察们手拿剪刀，守在各个路口，只要看到胡子满面的人就上去修剪一番。

前进的领路人

铲除了俄国陈旧的生活习俗后，彼得开始逐步推行改革。他雷厉风行，不断颁布各种法令。有时候，法令之多让记录官都很难记录完全。彼得还打破旧传统，不再按门第选用官吏。凡是有能力的，即便出身低微，也破格提拔，比如他的第一位总检察长小时候曾养过猪，而他的陆军元帅曾在莫斯科街头卖过包子。

在彼得的带领下，俄国从一个封闭落后的内陆国家，迅速崛起为一个欧洲强国。彼得一世终于实现了他的诺言："给我20年，我还你一个全新的俄国。"

知识链接

1721年，俄国枢密院尊称彼得为"大帝"和"祖国之父"，俄国也正式改称为"俄罗斯帝国"。

第 6 章

文明之花竞相绽放

仰光的大金塔、“天堂里的房子”泰姬陵、谜一样的玛雅文明、世界第一大教堂，还有举世闻名的万里长城等，都是人类留下的宝贵遗产。“世界文明之花”在人类长河中竞相绽放。

缅甸佛教和仰光大金塔

缅甸是闻名世界的佛教之国。在缅甸，僧侣有着崇高的地位，甚至每一个男人都必须出家当一次和尚。这里有着数不胜数的佛塔，据说全国大大小小的佛塔排列起来，能从缅甸的最南端一直排到最北端。让我们一起走进这个千塔之国吧！

佛教之国

缅甸是闻名世界的佛教之国，早在2000多年前，佛教就已从印度传入缅甸。后来，佛教密宗也相继传入，它和当地民间信仰结合，形成了阿利教。阿利教的一些教规和习俗十分荒唐，对人民产生了非常恶劣的影响。

1044年，阿奴律陀国王统一了缅甸，建立了蒲甘王朝。这位国王早就对阿利教深恶痛绝，他统治后不久就诏令全国，尊奉小乘佛教为国教，并驱逐其他教派。

此后，缅甸王朝虽然几度更迭，但是信奉小乘佛教一直没有改变。直至现在，缅甸80%以上的居民都信奉小乘佛教，全国共有50多万僧侣，相当于每300人中就有一个。无论是在城市还是在乡村，你随时都能看到僧侣的身影。他们还保持着佛陀时代的古老传统，身披暗红色的袈裟，袒露着右肩，赤脚行走。

缅甸僧侣拥有崇高的地位，处处都受到尊敬。当人们遇到化缘的僧人时，都会慷慨解囊，布施钱财；有些人还会早早儿做好饭菜，在家门口恭候僧人的到来；当僧人坐车时，旁边的人都会起身让座。政府甚至规定，凡是获得“三藏法师”称号的僧侣，无论乘坐汽车、轮船还是飞机，都是终身免费的。

在缅甸，每个男人一生必须出家一次，时间可长可短。男孩子到了9岁，就会第一次穿上袈裟，去寺庙生活一段时间，学习佛教的基本知识。只有这样，社会才承认他成人了。

出家的这一天，父母都会为孩子举行非常隆重的仪式，宴请所有的亲朋好友参加。男孩子会被打扮成王子的模样，以纪念释迦牟尼，因为他在成佛之前就是一位王子。宴会结束后，即将出家的“小王子”会骑着装扮华丽的马匹，在家人的簇拥下，一路欢欢喜喜地走向寺庙。

万塔之国

缅甸不仅僧侣多，佛塔也多，有“百万佛塔之国”的说法。相传在阿奴律陀国王南征时，获得了30多部佛教经书。当这些经书被船只运抵首都时，国王率领王公大臣们前去河边迎接。国王亲自下水，把经书顶在头顶游回岸边，安放在象征国王权力的白象背上。人们一路跟随白象，载歌载舞而行。走到半道时，白象却突然双膝跪地，恭敬地伏下头。国王感到十分惊奇，心想这一定是佛祖显灵，于是就在那个地方修建了蒲甘王朝的第一座金塔。

从此，建造佛塔的传统就流传下来。缅甸佛教徒坚信，建塔可以造福终生，修福来世。那里的人一生中最大的愿望，就是修建一座献给佛的塔。很多人一辈子省吃俭用，临死时却把全部积蓄捐献出来，只为了修一座佛塔，才算是了却心愿。

佛塔最集中的地方是缅甸历史名城蒲甘，全盛时期曾经有13000多座。这些建筑精巧、风格各异的佛塔遍布城市内外，在喧闹的市区或是僻静的郊外，都能看到踪影。蒲甘的佛塔数量之多，数也数不过来，所以缅甸人在形容数量极多的东西时，常常说“多得就像蒲甘的塔一样”。

仰光大金塔

缅甸最负盛名的佛塔是仰光大金塔，它耸立在仰光的最高点——新固德拉山冈上，所以人们能在仰光的任何一个地方看到它闪闪发光的塔顶。缅甸人称仰光大金塔为“瑞大光塔”，“瑞”在缅甸语中是“金”的意思，而“大光”则是仰光的古称。他们把这座塔视为佛教圣地、民族的骄傲，每天都有络绎不绝的佛教徒前来参拜。

传说，这座塔兴建于公元前585年。当时，缅甸的邻国印度发生了大饥荒，田地颗粒无收，很多人因为缺乏食物而饿死了。缅甸商人科迦达普陀兄弟知道后，非常同情，立即装了满满一船的稻米前往印度，施粥救济灾民，很多人因此保住了性命。

当兄弟俩离开时，印度人自发地走上街头欢送恩人，还送给了他们一份特别的礼物——佛祖释迦牟尼的8根头发。回国后，科迦达普陀兄弟的善行得到了国王的嘉奖。国王还在仰光选择了一座圣山，建起了大金塔来保存佛祖的8根头发。这就是仰光大金塔。

后来，阿奴律陀国王统治时期，大金塔成为缅甸的佛教圣地。以后，经历代国王不断修缮，大金塔越来越高，从最初的20米高长到现在的112米。仰光大金塔的底座周长427米，整个塔身都被1000多张金箔铺盖。当太阳映照时，大金塔折射出夺目的光芒，显得华丽无比。塔顶罩着一个高5米的宝伞，宝伞上悬挂着1000多个金铃和400多个银铃。风一吹过，声动四方，好像在演奏一曲佛音。

在宝伞顶端，还有一颗直径27厘米的金球，球的表面镶嵌着5000多颗钻石、红蓝宝石，每一颗都价值连城。所以，仰光大金塔也是世界上最昂贵的佛塔。

知识链接

缅甸佛塔很有自己的特点，塔底是厚实的圆形基座，塔身浑圆饱满，上部则逐渐变得细长，塔顶直指蓝天。塔尖悬挂有金银风铃，随风发出清脆悦耳的声音。

《天方夜谭》的故事

《一千零一夜》是闻名世界、古代阿拉伯的民间故事集，有200多个故事，被誉为世界民间文学创作中的“最壮丽的一座纪念碑”。而它的名字也有所不同，在西方被称为《阿拉伯之夜》，而在中国则被称为《天方夜谭》。

相关传说

相传在很久以前，中国和印度之间有个岛国，国王名叫山努亚。有一天，山努亚来到后宫，发现自己的王后正在和奴仆们嬉戏取乐。他勃然大怒，怀疑王后对自己不忠诚，于是下令处死王后。

从此，国王再也不愿相信女人，并发誓要报复天下所有的女子。于是，国王每天娶一位女子，一到第二天清晨，就把她杀掉。就这样，3年过去了，整整1000多个年轻美丽的女子冤死在国王的刀下。

全国上下都笼罩在一片恐怖气氛中，凡是家中有女孩的人家，都逃之夭夭，偌大的京城显得冷冷清清。

一天，国王又叫来宰相，命令他继续寻找女子进宫。宰相找遍了整个京城，竟没找到一个年轻女子。他忧心忡忡地回到家中，唉声叹气。

宰相有两个女儿，大女儿叫桑鲁卓，小的叫多亚德。大女儿既美丽又聪明，当她知道了事情的真相后，便自告奋勇要进宫嫁给国王，拯救天下的女子。

进宫后，桑鲁卓就向国王哀求道："陛下，我有一个妹妹，希望您开恩让我再见她一面，当作是最后的告别。"

国王答应了她的要求，派人接来了多亚德。姐妹俩一见面，就紧紧拥抱在一起，高兴地谈笑起来。

桑鲁卓又对国王恭敬地说："陛下，请允许我给妹妹讲一个故事吧，好让我们姐妹俩快快乐乐地度过这一晚。"国王点点头同意了。

桑鲁卓绘声绘色地讲起故事来，国王被吸引了，听得津津有味。不知不觉间，天就亮了，鸡开始打鸣，可桑鲁卓的故事却刚好讲到最精彩的地方。

国王心痒难耐，很想接着听后面的故事。他心里暗想："就暂且饶过这女子的性命吧，等明天故事讲完了，我再杀她不迟。”于是，桑鲁卓逃过了一天。

第二天晚上，国王又来听故事。这个故事情节曲折，甚至比第一天的更为精彩，国王入迷得忘掉了一切。到了早上，故事又只讲了一半，国王只好再一次饶恕了桑鲁卓。

就这样，桑鲁卓的故事无穷无尽，一直讲到第一千零一夜，国王终于被感化了。他对桑鲁卓说：“我向安拉真主起誓，以后再也不杀害无辜者了。你的故事让我感动，我要让人把这些故事记录下来，永远流传下去！”于是，《一千零一夜》诞生了。

广为流传

实际上，《一千零一夜》是阿拉伯人民集体智慧的结晶。最初，印度、波斯、埃及等地的民间故事流传到了阿拉伯，经过阿拉伯人民的搜集整理，到16世纪才形成书。其中著名的故事有《阿里巴巴与四十大盗》《渔夫和魔鬼的故事》《辛巴达》等。

一个世纪前，《一千零一夜》流传到中国，因为古代中国称阿拉伯地区为“天方”，所以这本书又被称为《天方夜谭》。

“天堂房子”泰姬陵

泰姬陵被人们称为“永恒面颊上的一滴泪珠”，它是谁的眼泪幻化而成的呢？背后又有着怎样凄婉的故事呢？它有着怎样动人的姿容呢？让我们一同来欣赏这座为纪念爱情而建造的美丽建筑吧。

皇后的遗愿

在印度北部的历史名城阿格拉，有一座洁白、美丽的建筑，它被人们称为“天堂里的房子”，这就是举世闻名的泰姬陵。关于它，还有一段凄美的爱情故事。

在古印度莫卧儿王朝时期，有一个年轻的王子库拉姆，他迎娶了一位叫阿姬曼的美丽女子，婚后两人十分恩爱。不久，库拉姆的父亲突然去世，为争夺王位，库拉姆与其兄弟兵戎相见。1628年，库拉姆经过一场血战终于继承王位，成为莫卧儿王朝的第五任皇帝，给自己取名为沙·贾汗，意思是“世界之王”，又封他最宠爱的阿姬曼为“泰姬·马哈尔”，这是后宫中的最高头衔，相当于皇后。宫人们常常听见两人的欢声笑语。可惜好景不长，3年后，印度南方又燃起战火，沙·贾汗率军南征，已有身孕的泰姬也跟随出征。谁料战事刚进行到一半，泰姬就

因难产而死，年仅39岁。

在婚后18年里，泰姬共为沙·贾汗生下14个子女。泰姬的离去让沙·贾汗伤心欲绝，他决定为爱妃建造一座全世界最美丽的陵墓，来寄托他对爱妃的思念之情。

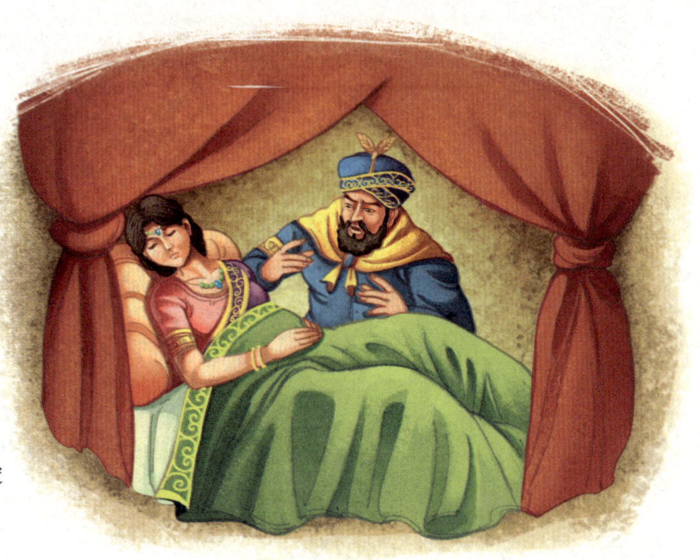

白色大理石之梦

沙·贾汗选择在皇宫北部一座大花园内兴建陵寝。那里风景优美，视野开阔，站在皇宫里一眼就能看到。他下旨征调印度最好的建筑师和工匠，还聘请了波斯、土耳其、巴格达的建筑师、雕刻师、泥瓦工，总计两万多人，开始兴建浩大的工程。沙·贾汗为泰姬陵挑选了他最喜爱的纯白色大理石，还搜集来世界各地的珍贵宝石，中国的水晶和玉、也门的玛瑙、阿拉伯的珊瑚被源源不断地送到工地，然后被能工巧匠们镶嵌在雪白的大理石上，拼贴成美丽的图案。

1653年，历时22年才完工的泰姬陵终于展现在人们面前。它高74米，呈完美的左右对称结构，轮廓优美，质朴端庄，四周各有一座尖塔拱卫着，整体感觉如同一个纯洁的少女。陵寝的门窗和外围都是镂雕着菱形花边的小格。当阳光照射到泰姬陵时，宝石折射出夺目的光彩，让人为之神往。

“永恒面颊上的一滴泪珠”

为了建造这座世界上独一无二的陵寝，沙·贾汗耗费巨大，几乎让莫卧儿王朝的国库空空如洗。可痴情的皇帝根本不理会这些，还计划在泰姬陵对面为自己造一个一模一样的黑色陵墓。这个愿望还未及实现，沙·贾汗的儿子就发起政变，把父亲赶下了王位。心灰意冷的老皇帝对儿子说：“王位你拿去吧。只要为我留一扇窗，让我能看见你母亲的陵墓。”

于是，儿子把父亲囚禁在离泰姬陵不远的一座城堡中。此后的整整8年，年老的沙·贾汗每天都透过一扇小小的窗户，日夜遥望远处的泰姬陵。后来他视力恶化，看不清泰姬陵的轮廓，便找来一块水晶，借着光线的折射，痴痴地凝望倒映在水晶中的泰姬陵。一年后，沙·贾汗怀着对爱人的无限思念，忧郁而死。沙·贾汗的儿子也为父亲的深情所感动，把他安葬在泰姬陵内，永远长眠在泰姬的身旁。

300多年来，这座纯白的建筑成为永恒爱情的象征。印度诗人泰戈尔为它写下著名的诗句，赞美它是“永恒面颊上的一滴泪珠”。因为它寄托了一个丈夫对妻子的思念，是用帝王的眼泪凝成的无价之宝。

知识链接

泰姬陵让人百看不厌，在一天之中，它会随着阳光的强弱呈现出不同的魅力。虽然它是一座陵墓，但它却没有通常陵墓所有的孤冷。它似乎在天地之间浮动，让人惊奇。

意义深远的“大化改新”

公元645年6月12日，在朝鲜半岛的“三韩”使者向日本皇极天皇贡献礼品仪式上，突然，皇极天皇之子中大兄皇子拔剑刺向天皇身边的大贵族苏我入鹿……正是这一剑拉开了日本“大化改新”的序幕。

狂妄者的下场

到了公元7世纪的中期，日本贵族头目苏我马子独掌朝政，只手遮天。十几年后，苏我马子将他的大权交给了他的嫡孙苏我入鹿。苏我入鹿这个人向来霸道，几乎是一提到他的名字，夜里啼哭的孩子就不敢哭了。天皇让谁来当，都是他说了算。他一心想把天皇与他姑母所生的古人大兄皇子推上皇位。

当时，圣德太子的儿子山背大兄王才是真正的皇位继承人。苏我入鹿为了达到自己的目的，竟然公然派兵杀了山背大兄王一家，这使得朝中大臣又恨又怕。

山背大兄王的兄弟中大兄皇子感觉苏我入鹿是一个十分可怕的人，总感觉如坐针毡，担心不知道自己什么时候也会被他给杀了。此时，中大兄皇子的心腹中臣镰足便给他出了个计策，于当年辞去世袭的官职，表面上是回家养病，实际上却是招兵买马。

直到公元645年6月12日上午，大好时机终于来临。这天“三韩”使者在这里举行向日本皇极女天皇贡献礼品仪式，苏我入鹿也免不了要参加。按照之前约定好的，暗杀应当是在诵读国书的时候进行。可是等国书都快念完了，还不见有人动手，于是中大兄皇子的那名心腹中臣镰足开始紧张起来，苏我入鹿感到奇怪，问他：“你怎么忐忑不安？”

在这最为关键的时刻，中大兄皇子当即下定决心，大喝一声，拔出长剑冲进了大殿，一剑刺入苏我入鹿的肩头，随后的两名死士也跟着提剑而上，将苏我入鹿杀死了。

大化改新

苏我入鹿一死，古人大兄皇子明白他的靠山已经倒了，光凭自己的力量是根本不可能登上皇位宝座的。他回到家中，谢绝宾客前来拜访，暂时隐居了起来。

中大兄皇子率领大部队进驻法兴寺，防备苏我入鹿势力的反扑。

苏我虾夷听说儿子被杀，立即召集了所有力量与中大兄皇子决一死战。只是当时，朝中的大臣们都纷纷倒向了中大兄皇子的一边。苏我虾夷的势力也迅速瓦解。苏我虾夷知道大势已去了，在6月13日放火自焚。

6月14日，皇极天皇退位。然而，本可以继承皇位的中大兄皇子却让舅父轻皇子即位，成为第36代天皇孝德天皇，可见中大兄皇子的政治家气魄。孝德天皇仿效中国，建立了日本历史上第一个年号“大化”。因此，在这之后进行的一系列改革在历史上被统称为“大化改新”。

大化改新改变了原有的土地制度，将一切土地收为国有，仿用大唐的班田制和租庸调制，成年男子每人可分田二段，女人一段。还规定土地不可以转卖他人，死后土地继续归国家所有。官吏分为官位十九阶，太政大臣最大，左右大臣为辅，下有纳言，八省和五位府。大化改新使得日本由奴隶社会走上了封建社会的道路，这对于日本来说无疑是有着深刻的意义的。

知识链接

在大化改新时期，中臣镰足颁布了《近江令》，这是日本历史上第一部正规法令。因他对中大兄皇子忠心不二，他的家族也成了日本历史上最有名望的家族。

来自日本的遣唐使

1300多年前，要横渡波涛汹涌的大海并不是一件很容易的事，风暴会经常使航船倾覆，或者把它们吹上遥远的迷途。但是，茫茫的大海和凶猛的大浪是无法阻止中日两国的友好交往。在我国唐代，日本前前后后一共向我国派出遣唐使19次。

第一批使团

唐代时期，经济、文化都很繁荣。日本开始把中国作为学习的对象，并接连不断地向中国派遣大批的使者来学习，这些人便被称作“遣唐使”。使团成员基本都是日本天皇任命的国家大臣。使团中不但有来中国留学的学生，还有僧人以及工匠等。

时间：公元7世纪后

地点：日本

公元630年，日本舒明天皇在宴会上作歌送行第一批遣唐使者——一支阵容庞大的使团船队。四艘巨大的船只一字排开，每艘船上都载满了人，船舷和桅杆上彩旗飘飘。侍者们歌唱起天皇写的送行诗：“渡海如平地，居船如坐床。四船泛远波，指日满归航！”

船队在大家的祝福声中，驶离了港口，向着茫茫大海开去。这支遣唐使团一到中国，就受到当地人民的欢迎和隆重接待。当时交通方便，他们一路都很顺利地来到首都长安。唐朝的皇帝还亲自接见他们，为了表示特别欢迎，还令画师为大使们画像作纪念。

随使团前来的有不少留学生，他们多选择到唐朝最高学府国子监学习。来到中国的日本僧侣，也都纷纷前往各大有名的寺庙中去求教，他们是中国文化热心的传扬者。每次遣唐使期满回国时，唐朝政府也会派一些中国使节一同前往日本，进行回访交流活动。

诗人晁衡

公元717年，有一位名叫阿倍仲麻吕的16岁少年，随着遣唐使团的大船不畏艰难来到中国。经过五六年在高等学府中的苦学，在一次考试中，他竟捷足高登，以优异的成绩中了进士。

从此，阿倍仲麻吕在唐朝朝廷中任职。之后，他被唐玄宗提升为左补阙，还起了一个中国的名字：晁衡。

晁衡与当时的大诗人李白、王维是亲密无间的好友。这些大诗人飘逸的艺术魅力常常使他震撼不已，从此，他爱上了诗歌，一有机会就与他们一同吟诗唱和，并留下了许多佳作。

时间慢慢地过去了，晁衡在中国已度过了近四十个春秋。他难以抑制内心强烈的思乡之情，多次向朝廷提出回国的请求。最后，唐玄宗为他的真情所感动，答应了他的请求。

得知晁衡即将回国的消息，他在长安的朋友们为他举行了隆重的告别宴会。王维在席间写下了《送秘书监还日本国》一诗。晁衡感动不已，当即解下自己心爱的佩剑，馈赠给中国诗友。随即也写诗一首："衔命将辞国，非才忝侍臣；天中留明主，海外忆慈亲……西望怀思日，东归感义辰；平生一宝剑，留赠结交人。"

同年10月，晁衡等人登上了回日本的帆船。然而此次归国进行得并不顺利，船队在半路上遇到了大风浪，船只被冲散了，到了来年3月，依然是杳无音讯。

李白得知晁衡遇难的传闻后，难过地写下了《哭晁卿行》一诗："日本晁卿辞帝都，征帆一片绕蓬壶。明月不归沉碧海，白云愁色满苍梧。"抒发了他对友人晁衡悲切的怀念之情。

幸运的是，晁衡并没有遇难，原来他所乘的那只船漂流到了安南（今越南）的海岸。

到了公元755年6月，晁衡等人一路跋山涉水，终于又回到了首都长安。

公元770年1月，晁衡在长安病逝。

知识链接

公元685年的9月18日，长安的一队禁卫军和两个驯兽师走在两只宽敞、披红戴花的笼子后面，随同日本遣唐使一同前往日本。这个兽笼里装着的是武则天赠给日本天武天皇的两只"白熊"。而"白熊"便是我们今天在动物园里所见到的大熊猫。

古代东方的奇迹

经过200多天的审判，纳粹分子最终得到了应有的惩罚。另外对德国来说，纽伦堡审判是黑暗历史的结束，也是同纳粹分子的过去划清界限的开始。此刻，德意志民族开始了对历史的反省。

婆罗浮屠

公元9世纪时，印尼岛由强盛的夏连特拉王朝统治，国王是个虔诚的佛教徒。一次，国王有幸获得了佛祖释迦牟尼的一小部分骨灰。他就动用了几十万工匠，花十多年时间建成了婆罗浮屠安置佛祖骨灰。

而婆罗浮屠是世界上最大的实心佛塔，梵文中的意思就是“丘陵上的佛塔”，因为它建于印度尼西亚一个火山山丘上。

婆罗浮屠完全用坚硬的岩石砌成，共有10层。第一层到第六层是四方形，被称为地界，建有大大小小的石壁佛龛，每座佛龛内有一个端庄的佛像，盘坐在盛开的莲花上，姿态优雅端庄。

时间
公元7世纪－公元12世纪
地点
印度尼西亚、柬埔寨

从第七到第九层呈圆形，被称为天界，共建有72个钟形小塔。小塔都是镂空的，透过菱形小孔，里面也都供奉着成人大小的佛像。72尊佛像按照不同的方位，分别做出不同的手势，面部表情也各不相同。传说如果能透过孔洞摸到佛像的手掌，就能得到佛祖的赐福，获得好运。

第十层是佛塔的顶层，上面端坐一个巨大的佛像。众多的小佛像都像在认真聆听他的讲经。

在塔内各层还修建有回廊，两旁的石壁上刻有栩栩如生的浮雕，描绘着佛经故事和民间传说。这些浮雕连接起来足足有3000多米长，被称为“石头上的画卷”。

15世纪，婆罗浮屠所在的火山突然喷发，美丽的佛塔被厚厚的火山灰掩埋，直到19世纪初才被后人发现。

吴哥窟

吴哥窟是柬埔寨的标志性建筑，以精美的浮雕著名。吴哥窟曾经是古代高棉王朝的皇家寺庙，兴建于12世纪。

在15世纪时，因为战乱，吴哥窟被人们遗弃。此后的几个世纪里，它湮没在了茂密的森林中，就连当地人都不知它的存在。

1861年，一位法国博物学家误闯入吴哥窟，才让这座美丽神秘的建筑重见天日。

吴哥窟的外围是一道坚固的城墙，设有5扇城门，每扇门的上方都悬着一个巨大的人面像。那些人像低垂着眼睛，嘴角挂着神秘的微笑，像是在审视每一个通过城门的人。而当年，高棉士兵就是站在人面像的旁边，认真检查每一个想要进入吴哥窟的人。如果他们发现某人的脚趾是削掉的，就会无情地驱逐他。因为按照当时的法律，只有罪犯才会被削去脚趾，而他们是不能进入神圣的吴哥窟的。

通过城门，就是层层回廊。回廊上装饰着精美的浮雕墙。最著名的是天女浮雕墙，她头戴华丽金冠，舒展手臂翩翩起舞……

吴哥窟的中心是象征须弥山（印度神话里的世界中心）的中央宝塔。塔有65米，相当于20层楼高，被4座小塔拱卫着。5座宝塔层层叠叠，是模仿含苞待放的莲花姿态而建。

知识链接

中国长城、埃及金字塔、柬埔寨吴哥古迹和印度尼西亚婆罗浮屠，被称为古代东方的四大奇迹。

谜一般的玛雅文明

玛雅文化是世界上重要的古文化之一，在今天，不少人还怀疑高度发达的玛雅文明为什么会在顷刻之间灰飞烟灭，甚至有人提出玛雅文明可能不是人类创造出来的。充满传奇色彩的玛雅文明究竟是地球人的奇迹还是外星来客的杰作呢？

读不懂的玛雅“天书”

1839年，美国冒险家斯蒂芬斯来到中美洲的热带雨林探险，想寻找传说中的玛雅文明。一天，当他走入一片茂密的森林时，立刻被眼前的景象惊呆了。那是一座玛雅城市的废墟，有着雄伟的金字塔，奇异的雕像，还有如林的石碑……

回国后，斯蒂芬斯迫不及待地向世人宣布了他的发现。神秘的玛雅文明自此揭开了面纱，吸引了全世界的关注。100多年来，为了解读玛雅文明，大批的冒险家、考古学家和科学家进行了不断地探索，但依然无法完全解开玛雅文明之谜。

玛雅人是美洲印第安人中文化最发达的一支。他们在公元9世纪时发展到鼎盛，而在16世纪初被西班牙人摧毁。

时间

公元9世纪左右

地点

玛雅

玛雅人是一个喜欢记录历史的民族。每隔20年，他们就会在广场上竖起石柱，刻上国家大事。这些“石头上的史书”一直完好地保存到现在，可即便如此，人们对于玛雅依旧知之甚少，因为没有人能读懂玛雅文字。

玛雅文字是一种象形文字。玛雅人用笔蘸上彩色颜料在纸上书写。西班牙入侵后，却把绝大部分玛雅书籍当作“魔鬼的作品”给烧毁了，很多识字的玛雅僧侣也被施以火刑。这样，玛雅文就变成了无人能读懂的“天书”。

第二次世界大战后，很多国家对神秘的玛雅文产生了兴趣，投入了大量的人力、物力对其进行研究。玛雅文字仍然是一个谜。

金字塔

玛雅金字塔是玛雅人创造的又一奇迹，可以与埃及金字塔媲美。最著名的库库尔坎金字塔高30米，共9层，从下到上逐渐缩小。塔基呈正方形，正好对着东南西北4个方向；塔的4个面是完美的等边三角形，每一面都有91级台阶，而台阶数加上塔顶平台，正好是365级，正是一年的天数。通过精细测算，人们还发现，金字塔的高度为地球赤道周长的27万分之一，也是地球到太阳距离的1万亿分之一。

为了进一步研究金字塔，一些科学家用X光对塔内部进行探测，令人感到毛骨悚然的是，那些在同一个时间、同一个地点拍出的X光照片，竟然没有一张是相似的。难道玛雅金字塔也和埃及金字塔一样，拥有神秘的诅咒吗？

精妙的天文

玛雅人还创造了著名的“玛雅历”。他们把一年分为18个月，每月20天，再加上5个祭祀日，一年刚好为365天，这与现代的精确计算只相差不到0.0002天。他们还测量出金星公转一周的时间是584天，和现代的测量结果相比，50年内只误差了7秒！

奇琴·伊察天文观象台是玛雅人另一个重要的天文成就。在观象台的北面窗口，两侧的墙壁形成两道对角线，站在窗口右边可以看到春分和秋分落日的半圆，而南边窗口的对角线则直指地球的南极和北极。

更为奇特的是，这个观测窗对准的并不是夜空中最明亮的星星，而是肉眼根本无法看到的天王星和海王星，而这两颗星直到几百年后才被欧洲人发现。千年前的玛雅人没有先进的天文设备，是如何发现这两颗星星的呢？他们又为什么要眺望这两颗星星呢？

玛雅宇航图

20世纪50年代，在玛雅废墟中出土了一块石板。石板上刻绘的图案既有趣又夸张，是一个双手紧握着舵的人。当时考古学家都不明白它的意思。到60年代，人类发明了宇宙飞船，当宇航员在太空行走的图片公布后，考古学家不由一惊，因为它和玛雅石板所画是多么相似，那分明就是一幅宇航员操纵火箭翱翔太空的图案。于是，他们把石板寄给美国航天中心，航天专家们一看到它都惊叫起来："太了不起了，这简直就是古代的宇航器！"因为在图画上，他们清楚地辨别出仪表、脚踏板以及各种宇航操纵工具……

难道这仅仅只是古代玛雅人的想象？还是玛雅人的祖先就是乘坐着画中的飞船从外星来到地球？

关于玛雅文明的种种谜团依旧困扰着我们，也许不久的将来我们就能知道，聪明的玛雅人到底是不是外星来客了。

知识链接

天王星是离太阳由近而远的第七颗行星，由英国人威廉·赫歇尔在1781年3月13日第一次观测到。海王星是环绕太阳运行的第八颗行星，1846年9月23日由德国天文学家伽勒第一次观测到。

太阳的子孙

印加帝国是南美文明的一个重要组成部分，印加帝国信仰太阳神，并自称为太阳神的后裔。根据考古学家的研究证明，当时的印加帝国有着相当完美的冶炼铸造技术。他们的农业有着发达的灌溉系统。

印加人的起源

关于印加人的起源，有这么一个传说：很久以前，太阳神在的的喀喀湖中心的一个小岛上创造了一个男人和一个女人，这就是芒科·卡帕克和玛玛·奥柳。一天，太阳神递给他们一根金杖，并对他们说："孩子们，去寻找你们的家园吧。向前走，直到金杖消失的地方，那儿将是你们生活的乐土。"两人遵循太阳神的旨意，经过一番长途跋涉，来到了安第斯山脉的一处谷地。当他们把金杖插在地上时，它突然钻入地下不见了。于是他俩高兴地在那儿定居下来，开始繁衍后代。他们的种族也就被称为"印加"——太阳的子孙。

时间
公元11世纪－公元16世纪
地点
南美洲

印加帝国

从13世纪起，印加人就以库斯科为中心，逐渐向外扩张，征服了附近的许多部落。到16世纪前期，印加帝国达到全盛，国土面积有80余万平方千米，人口在600万以上，成为美洲空前的大国，创造出灿烂的文化。

印加人精于农业。他们在山坡上筑起一层层梯田，建立了令现代人都惊叹的复杂灌溉系统。印加人还是天生的建筑大师。他们能在高耸入云的山脊上建起一座座雄伟的城市。在既没有先进起重设备，也没有大型畜力的情况下，他们神奇地将重达2000吨的巨大石块运上山峰，而石块与石块之间，不用灰浆就能紧密咬合。

首都库斯科是印加帝国最值得骄傲的城市。这个市中心有一座雄伟的太阳神庙，是一座用黄金和宝石装饰成的巨大建筑。从墙角到屋顶，整个建筑都被金板覆盖着。太阳一照，它就会折射出炫目的光芒。在庙内，靠墙有两排黄金制成的宝座，上面端坐着已故的历代印加国王的木乃伊。神庙外还有一座金碧辉煌的园林，所有的树木都用金、银制成。

帝国覆灭

不难想象，当16世纪初西班牙人第一次来到印加帝国，看到如此富丽堂皇的库斯科城时会有多么惊讶，而贪婪的欲望也悄悄地在他们心中生了根。

1528年，西班牙国王任命皮萨罗为总督，负责征服印加。很快，皮萨罗凑齐了一支180人的队伍。抵达印加后，他们考虑到印加军队人数众多，一时不敢轻举妄动。几年后，印加帝国爆发了内战，皮萨罗觉得机会来临了，于是他带人迫不及待地奔赴库斯科。到了库斯科，皮萨罗还是没有向印加帝国宣战，而是在城外驻扎下来，假意邀请印加国王赴宴。令他惊喜的是，印加国王不仅答应了邀请，而且为了显示大度，竟然命令自己的3000名士兵不携带任何武器。

这一天，印加勇士们护卫着国王来到西班牙营地。结果，区区100多西班牙人就将3000名印加士兵打败，并俘虏了印加国王。皮萨罗把印加国王囚禁在一间石屋子里，嚣张地向印加臣民宣布："印加人，用填满这间石屋子的黄金来换取你们国王的自由吧！"为了救出国王，一队队印加人毫不停歇地往侵略者的营地运送黄金。几个月后，黄金便填满了整个石屋子。但是，得到了黄金的皮萨罗却并未履行诺言，反而在印加人面前残忍地杀害了他们的国王。印加帝国就此陷入混乱，不久就悲剧性地覆灭了。

阿兹特克文化

阿兹特克人是古墨西哥文明史上的一朵奇葩，他们在墨西哥创造了一个高度发达的阿兹特克文明，可与神秘的玛雅文明媲美。

特诺奇蒂特兰城

阿兹特克人的祖先以游牧生活为主，传说他们居住在一个叫阿兹特兰的神秘之地。后来他们得到神的启示：如果一只鹰站在仙人掌上啄食一条蛇，那就是他们理想的定居地。多年以后，他们终于在一个岛上发现了一只栖于仙人掌上的鹰。

这是个什么样的荒岛啊！走上一天的路也见不着一

缕人烟。要想在这儿生存下来，不知道得付出多少努力呢。然而，阿兹特克人并没有气馁。他们挖掘岛上的一切资源，制作成劳动工具。他们下湖捉鱼、撒网捕鸟、开垦沼泽、围湖造田。

1325年，他们在这里建成了一个非常强大而美丽的城市——特诺奇蒂特兰城。这座城市在当时共有30万人口，6万栋房子。他们还修筑了一条长16千米的跨湖大坝，把各个小岛都连接在了一起，堤坝由石头砌成，坝顶十分宽阔。城里的建筑物非常漂亮，家家都有院子，院中种满花草，有的还修了屋顶花园，这些房子都是用红石头盖起来的，顶上还有玉石栏杆。特诺奇蒂特兰城几乎所有的建筑都是用白色的石灰水粉刷的，远远看上去洁白而圣洁。

谁毁了阿兹特克文明

美丽的城市招来了西班牙人的羡慕与妒忌。1519年，西班牙人科特斯率领仅仅800人的军队来到了美洲大陆，想一举夺取这个富美之城。

当时，西班牙士兵使用的火绳枪射速极慢，还瞄不太准，更要命的是上火药十分费功夫。在瞬息万变的战场上往往没开一两枪就熄了火。1520年6月30日的晚上，科特斯和手下被阿兹特克人杀得丢盔弃甲，三分兵力损了二分，这一夜就是西班牙殖民者口中常说的“悲伤之夜”。

谁知道在西班牙殖民军中，有一名感染天花的黑人士兵被阿兹特克人杀死了。不幸开始降临，天花在阿兹特克人中间流行开来，大批阿兹特克人染疾身亡。第二年，不甘失败的科特斯重新纠结部队，当士兵们把特诺奇蒂特兰城重重包围时，城内竟然静得可怕。士兵们小心翼翼地往城里走去，然而映入眼帘的一幕让他们惊呆了：几只乌鸦在檐角盘旋不定，满街都是白骨累累，连道路都被人的尸身给淹没了，这简直是地狱！

昔日辉煌的都市变成了一片墓地，这便是阿兹特克文明的毁灭。天灾不断，没过多久，阿兹特克帝国又爆发了几次大规模的瘟疫。到了16世纪末，阿兹特克帝国的人口还不到其鼎盛时期的十分之一。

知识链接

阿兹特克人是天生的艺术家和建筑大师，他们所建的特诺奇蒂特兰城位于海拔2240米高原的特斯科科湖的一个岛上。城市整体被规划为标准的四方形。

世界第一大教堂

再没有一座教堂如此神圣，使得全世界的天主教徒都顶礼崇拜；也再没有一座教堂如此气魄，让几个时代最有名的建筑大师都为它倾注一生的心血。它就是圣彼得大教堂——唯一能够与神争宠的大教堂。

建筑渊源

圣彼得大教堂最早建于公元4世纪，它的历史与基督教的发展史几乎同步。

圣彼得大教堂的建设主要是为了纪念耶稣12门徒之一的彼得，他是耶稣最为忠诚的门徒，在天主教中他被尊为第一大主教。在圣彼得大教堂内塑有彼得的铜制雕像，据说抚摸他的右脚可以得到神的庇佑和给自己带来好运。

耶稣上了十字架之后，彼得带领众门徒开始创建教会。在1世纪的时候，基督教就已经如野火燎原之势传到了罗马帝国，这引起了罗马统治者的极度恐慌。为了防止基督教的势力继续扩大，影响到统治阶级的利益，罗马帝国在1世纪中叶的时候就开始疯狂地镇压基督教的活动，作为基督教会的创始人彼得，自然无法幸免，他被尼禄皇帝钉死在了十字架上。死刑就是在如今的教堂所在地执行的。

然而令罗马帝国的统治者们万万没有想到的是，信仰的力量是强大的。信仰基督教的人越来越多，基督徒与传教士越来越多，根本杀不完。到了君士坦丁大帝统治时期，基督教的势力已经达到不可撼动的程度，君士坦丁大帝只好向基督教妥协，下诏书承认基督教的合法地位。为了进一步利用基督教的影响力为帝国服务，他将基督教立为国教，还特地破土动工修建教堂以示对彼得的纪念。

圣彼得大教堂正是在这次修建的基础上经历多次的扩建和重建，历时1300多年，才最终呈现在我们的面前。

圣彼得大教堂

圣彼得大教堂坐落在欧洲小国梵蒂冈境内，它是在圣徒西门彼得的墓地上修建起来的，占地约两万多平方米，最多可容纳近6万人同时祈祷。在1989年以前，它一直是基督教最大的教堂，同时也是世界上最大的教堂，再加上米开朗琪罗亲自设计的巨大穹顶，使得它闻名于世。

圣彼得大教堂不仅是梵蒂冈的标志性建筑物，还是这个城市的重要组成部分。每年来此地旅游的人们，无论是儿童还是老人，都会在它的面前驻足，虔诚地合上双手祷告。

圣彼得大教堂气势宏伟，整个建筑风格充分体现了西方文艺复兴时期杰出的艺术成就。教堂大门前竖立着两座雕像，左边的雕像是彼得，右边竖立着耶稣的另一个得意门徒保罗。走进殿堂，可以看见一个巨大的十字架居于教堂的正中心，这十字架的下方便是彼得死后的坟墓。教堂的上方是富丽堂皇的圆穹，圆穹的周围及整个殿堂的顶部布满了美丽的图案和浮雕。那圆穹在阳光的映射下，平添了几分神秘色彩，仿佛是通向天堂的大门。

教堂里拥有多达百件的艺术珍品。雕塑、油画、精致的屋顶墙壁让人叹为观止。教堂内部最为珍贵的雕塑作品有3件，分别是出自米开朗琪罗之手的“圣母抱子”和出自贝尔尼尼之手的青铜华盖和青铜宝座。教堂内部的装饰更是华丽到令人惊叹不已的程度。

人类奇迹——雄伟的万里长城

它是一条长长的巨龙，绵延上万里。它穿过沙漠，翻过高山，走过草原，它是中国建筑史上的奇迹。在古代，它担负着守卫边疆、抵御外族侵扰的神圣使命，它就是我们所熟悉的万里长城。

耗时长久的长城

在中国，长城在公元前7世纪的时候就出现了雏形。春秋战国时期，各诸侯国之间不但彼此征战连连，而且同时还受到北方游牧民族的侵扰，于是这些最高统治者们决定在自己的国土上修建长城，以抵御敌方的侵袭。根据史料记载，最先修建长城的国家是楚国，人们一般把楚长城叫作“方城”，它由南向北延伸，长达数千里。

见楚国有了长城，燕、赵等国也纷纷开始修建长城，效仿起楚国来。然而当时无论是在人力还是物力上，都不足以支持一个诸侯国修建起一个规模较大的长城，因此，有些国家的长城仅仅只有几百里长。秦灭六国之后，便开始增筑北方边境的长城，每年征用民夫40万，使得当时百姓们怨声载道。中国的民间传说“孟姜女哭长城”反映的正是修筑长城给普通百姓带来的巨大痛苦。

秦以后，各朝代都先后修建或增建过长城，其中明朝的规模最大。明朝的时候，因为有不少逃回蒙古的贵族不甘心元朝的灭亡，时不时在明朝的边境线上侵扰，为了抵御这些蒙古骑兵的侵扰，明朝的统治者效法起古人，修建长城。从朱元璋之后的200余年的时间里，明朝进行了数次大规模修筑长城的活动，这个全长达一万五千余里的明长城，无论是在中国还是在世界的历史上都可以称得上是耗时最长久、最艰巨的工程之一了。因为年代比较久远的缘故，之前朝代修建的长城基本上是处于残缺不全的状态，因此，现今保存得算是完整的长城只有明长城了，所以我们现在说的长城大都是指明长城。

功能齐全的长城

长城不仅仅是一道城墙，它是由城墙、烽火台等众多的工事组成的防御体系。每一段长城设军事长官，受兵部的指挥，负责所管辖军区内的防务以及支援地区间的军事防务。到了后来，明朝一代名将戚继光曾对长城工事又进行了一系列的有效改良，他在城上设置了不但可以为士兵提供住宿还可以储存粮食和兵器的屯兵所，这使得长城的防御力大大地增强了。

知识链接

有些学者统计，把中国历朝历代修筑的长城的长度加起来算，足足有十万多里，如果用这些修建长城的砖石来修建一道高5米、厚1米的围墙，这个围墙竟然可以绕地球十几圈呢。

各段长城之间联系的最好办法是依靠烽火台的传递，一旦有紧急军情出现，如果是在白天，烽火台上的士兵就会立即把狼烟点起，要是在晚上，就会点起一堆火，这样就可以让友邻军队远远地看到，前来救援。可以说，这种传递军情的方式不仅科学而且还相当迅捷。在长城上有一个防御系统，叫作关城，一般关城都设置在地形险要之处，以达到易守难攻的效果，故称“一夫当关，万夫莫开”，生动地说明了关城的重要性。长城上的关城数量极多，它们分布于长城的沿线，数量有数千处，其中最有名的如玉门关、山海关、居庸关等。

一句话，长城最大的功能无外乎防止了北方游牧民族的南侵，大大地保护了中原百姓的财产和生命安全。

第 7 章

大航海时代的抗争

大航海时代是一个纷争的时代，是一个开拓的时代。哥伦布、麦哲伦、达·伽马等探索家们为殖民者的扩张做了很好的尝试。而这一时期，文学复兴的出现也推动人文的进步与发展。

“日心说”的胜利

地球绕着太阳转，是人人都知晓的天文常识。而在16世纪前，人们却坚信地球才是宇宙的中心，太阳围绕着地球旋转。那么，是谁首先提出了日心说，为我们揭晓了宇宙运行的真理呢？

地心说的时代

自古以来，人类就从未停止过对宇宙的思考——自己究竟处于宇宙的什么位置？古人们对这个问题有着千奇百怪的猜想，比如当看到太阳从东方升起，傍晚时又由西方落下，他们便认为太阳是围绕地球旋转的。而在西方，最早提出这种“地心说”理论的，是公元2世纪时的希腊学者托勒密。他宣称：“地球静止不动地处在宇宙中心，日月星辰都围绕地球运行。”这个学说与基督教《圣经》中关于天堂、人间、地狱的说法恰好吻合，教会便把它和上帝创造世界融为一体。

1000多年来，教会就用这个理论维护自己的统治。“地心说”也因此被奉为和《圣经》一样的经典，从来没有人敢对它提出质疑。

日心说的创立

16世纪，波兰天文学家哥白尼，通过长期观察星相和精密的数学计算，

大胆提出了一个新的观点：地球并不是宇宙的中心，相反，它是围绕太阳运行的。为了方便研究，哥白尼在教堂城墙一角的箭楼上建立了一个工作室，在里面设置了一个小小的天文台，然后他用自制的简陋仪器，开始了漫长的天体观测。

在近20年的时间里，哥白尼不辞辛劳地测量行星的位置。一天，哥白尼突然产生了一个大胆的想法：假如我们的地球不是静止不动，而是运动的。那太阳的运行看上去会是怎样的呢？又经过长达20年的观测，哥白尼终于证实了自己的猜测，写下了巨著《天体运行论》。在书中他提出：太阳是宇宙的中心，所有行星都围绕太阳运转，地球只是一颗绕着太阳运转的普通行星。

哥白尼知道如果发表自己的观点，教会所鼓吹的理论将不攻自破，而他自己很可能受到残酷的宗教裁判。所以他踌躇了很久，直到近70岁时才同意将《天体运行论》出版。1543年5月的一天，当拿到自己的书时，哥白尼已经卧病在床一年多了。他摸了摸书的封面，便欣慰地闭上了眼睛。

日心说的胜利

不出所料，“日心说”一面世，教会便马上宣布它为异端邪说，并把《天体运行论》列为禁书。而当时很多天文学家因为固守传统，也认为“日心说”是无稽之谈，嘲讽哥白尼是个疯子。

但真理总会战胜谬误。

1610年，伽利略用自制的天文望远镜发现了木星的4颗卫星，为“日心说”找到了确凿的证据。“日心说”取得了初步胜利。

18世纪，开普勒总结出行星运动三大定律，牛顿发现了万有引力定律，这些都让“日心说”获得了更加稳固的科学基础。此后，“日心说”得到了人们的普遍认可，取得了完全的胜利。

知识链接

自少年时期起，哥白尼就对天文学产生了浓厚兴趣。成年后，他在一所教堂担任教士，但仍然秘密从事自己热爱的科学研究工作。

“航海第一人”麦哲伦

费迪南德·麦哲伦，世界著名航海家之一，他曾先后为葡萄牙和西班牙作航海探险活动。他是历史上第一位率领船队完成环球航行的航海家，被世界公认为“航海第一人”。

由士兵到船长

1480年，麦哲伦出生在葡萄牙一个普通的贵族家庭里。他在10岁左右的时候就进入宫里当差了，其后又进入了国家的航海事务厅，从而开始慢慢掌握航海、探险等方面的知识。1505年，麦哲伦加入了国家远征队，从此开始了他的航海生涯。在1506年的一次海战中，他身负重伤，此后他又参加了与阿拉伯人之间的战争，直至30岁之后才得以回国。不幸的是，在回国的途中，他所乘的船只触礁了，他和众水手们被困在了一个孤岛上。后来被救回国后，因其表现突出，被提升为船长一职。

开创环球航海时代

战争的磨炼和多年的航海历程，使麦哲伦掌握了各种航海本领，同时也对东方世界有了一定的了解，这为他实行环球航海计划提供了条件。1511年，他跟随新任印度总督阿尔布克尔克参加了攻占马六甲的战斗，在参与殖民活动中，他得知在香料群岛的东方有一片辽阔的海域，并认为，在那片海域的东方便是美洲。

后来在获得西班牙王室的赞助和支持下，麦哲伦的船队出发了，此次航行，他的名字注定要被记录在史册当中。

5艘大帆船从塞维利亚港出发，先由大西洋到达南美洲，一路上都很顺利，等到他们进入太平洋后船队出现了断水缺粮的现象。水手们历尽千辛万苦，终于来到了菲律宾群岛。但遗憾的是，他们与当地的土著发生了激烈的争斗，麦哲伦也在争斗中不幸身亡。最后这支船队又历尽多重磨难，最终只剩下了一只船。这只船于1522年的9月到达塞维利亚，从而完成了环球航行的壮举。麦哲伦船队的环球航海活动向人们证明了“地球是圆的”这个事实，无论是从东方向西方还是从西方向东方航行都是可以回到出发地的，这大大地颠覆了人们以往的世界观。

“司令官”哥伦布

500多年前，在意大利热那亚，有一个孩子从小的梦想就是能够在大海上劈风斩浪。少年时期，他偶然读到《马可·波罗游记》，书上生动地讲述着东方的美好——黄金满地，香料盈野。这激起了他对东方世界的热烈向往。这个孩子就是著名的航海家哥伦布。

踏上冒险之途

哥伦布在多年的航海生活中，积累了丰富的航海经验。1492年8月初的一天，身为船长的哥伦布便率领着他的船队从西班牙王国的巴罗斯港扬帆起程了。这个船队上的设备十分简陋，说是船队，其实仅仅是3艘又破又旧的帆船。船上一共有88人，而且大部分还是临时凑的。

海上的航行十分辛苦，一路上充满了危险。整日待在船上的日子非常单调。在海上漂泊了不知多久，水手们开始沉不住气了，吵着要返航。他们甚至担心地球是一个扁平的大盘子，再往前航行，就会到达地球的边缘，帆船会坠入深渊！

时间
公元1451年—公元1506年
地点
意大利

但是，哥伦布是一个意志坚定的人，他决不允许此次的航海活动半途而废。他坚持向西前进，有时候，为了迫使水手们前进，他甚至不得不抽出佩剑。在一望无际的大海上漂泊了两个多月，船队终于迎来了转机。那是在1492年10月11日，哥伦布来到甲板上正好看见天空中有两只寻食的水鸟在欢快地鸣叫着，海里也漂来了一枝绿色的芦苇。船上所有的人都开心地欢呼起来——终于有陆地了。

崭新的世界

10月12日凌晨2点，水手们终于看见一片陆地。船上顿时欢声似浪！哥伦布心中激动万分，以为船队终于到了印度的某一个岛屿或者日本等国，再往前就可以到达中国了。

天色渐渐明朗，远方的岛屿越来越清楚，他们登岸后，发现岛上树木茂盛，土地肥沃，淡水资源充足。微风柔和地吹着，传来花朵的缕缕清香。更让水手们兴奋的是，岛上竟然还有人。岛上的原著居民都十分和善，对陌生的远方来客极为好奇。当哥伦布把船上的一些帽子和玻璃珠子送给他们做礼物的时候，他们非常开心，围在水手们的身边听水手们说着他们听不懂的西班牙语。

后来，大家熟悉起来，岛上的人们还带着鹦鹉、食物以及标枪等东西来和哥伦布的船队交换一些玻璃珠和小铃铛等。岛上的人们生活在相对封闭的环境下，他们从来都没有接触过金属制的刀剑，当水手们把剑递给他们的时候，他们竟然用手直接抓住刀刃，以致把手都割出血了……

哥伦布把他首先登陆的这个小岛命名为“圣萨尔瓦多”。这个岛便是今天的巴哈马群岛的威特林岛。虽然在这里他没有找到中国文明的任何迹象，也没找到黄金和香料。但他坚信他已经到达东方，因此他把当地的土著人叫作“印度人”。这就是我们今天把美洲原有居民称为“印第安人”的由来。

知识链接

哥伦布返回西班牙后，在庆功宴上，很多人都讥笑他的发现一文不值。忽然，哥伦布拿起一个鸡蛋，笑着问道：“你们谁可以把这个鸡蛋立起来？”在场的宾客们挨个尝试，没一个人能够成功。只见哥伦布把鸡蛋拿到手里，先在鸡蛋上敲了个小洞，把鸡蛋稳稳地立在了桌子上，全场哗然。

“老船长”达·伽马

他是一名早期的葡萄牙殖民主义者，开辟了欧洲通往印度的航道，大大地促进了欧洲与亚洲之间的商业发展。他就是达·伽马。

航海世家

达·伽马从小就酷爱游泳、驶帆、辨风向、识星辰。然而最令他向往的还是破风斩浪，环游世界，享受探险所带来的乐趣。

达·伽马的父亲老伽马，是一个经验丰富的老船长，后来进入宫廷任职。

1495年，老伽马去世了。于是，葡萄牙国王若奥二世任命达·伽马为远征队司令官，继承他父亲的官职。1479年的7月，达·伽马率领着四艘大船从特茹河口出发，向着茫茫大海驶去。

艰苦的航海生活

经过整整一周的航行，船队便到达了加那利群岛。到了8月份，船队遭遇到昼夜不停的逆风，不得不放慢了前进的脚步。整整3个月的时间里，他们都没有发现一小块的陆地，这是一次没有先例的探险航行。

远征队在海里经受了残酷的考验：不间歇的狂风一阵比一阵凶猛，乌云在船只的上空翻滚着，白天如同黑夜般黑暗，天空总是下着细密的雨水，冻

得人直发颤。更糟糕的是，船舱开始进水，要水手不停断地向外排水。

一直到了11月初，船队才远远地看到了陆地的存在。他们沿着海岸继续向南航行了3个昼夜，终于来到了圣赫勒拿海湾。紧接着，舰队驶出圣赫勒拿湾，朝西南方向航行。

经过两年多的探险航行，达·伽马远征队终于在1499年9月9日，全部返回葡萄牙。尽管舰队就剩下了两只破船，国王还是热烈地欢迎了他们，并封达·伽马为“印度洋海军上将”。

知识链接

1497年的一天，达·伽马所率领的船队来到了南纬31°附近的一条长长的海岸线面前。站在甲板上的达·伽马忽然想起这一天正好是圣诞节，于是将这一带命名为“纳塔尔”，即葡萄牙语中的“圣诞节”的意思。今天南非共和国的纳塔尔省名便是这样来的。

“羊吃人”的圈地运动

进入15世纪后，随着海上航线的不断延伸，海外贸易给英国带来了丰厚的利润。尤其是英国的纺织业，借着海外贸易得到了飞速的发展，从而让英国国内的养羊业充分繁荣起来。但是养羊需要大量的土地，而英格兰是一个土地贫乏的岛国。因此，一场圈地运动轰轰烈烈地在英格兰展开。

肆虐的羊群

15世纪的英国，有一群原本驯服的“绵羊”，但它们却要一步步踏平田野、乡村和城市，甚至要把人吃掉。是什么让它们变得如此贪婪呢？

那是在15世纪以前，英国的生产主要还是以农业为主。但随着新航路的发现，国际间增强了贸易往来，位于欧洲大陆西北角的佛兰得尔地区的毛纺织业突然繁荣起来。

英国本来是一个传统的养羊大国，又离佛兰得尔地区很近，所以羊毛的需求量也随之逐渐增大，羊毛价格开始猛涨。这让不少人狠赚了一笔。

一些有钱贵族见有人赚了钱，自然眼红，于是也开始投资养羊业。可是养羊需要大量草地，而在英国，

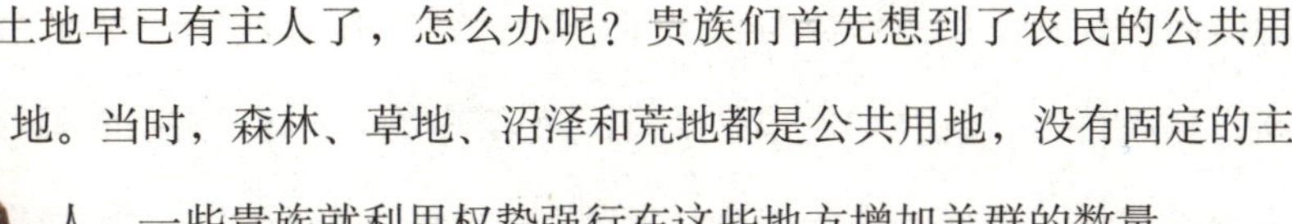

土地早已有主人了，怎么办呢？贵族们首先想到了农民的公共用地。当时，森林、草地、沼泽和荒地都是公共用地，没有固定的主人，一些贵族就利用权势强行在这些地方增加羊群的数量。

可是后来，这些土地也无法满足贵族们日益膨胀的贪念了，他们又把目光转向了那些世代租种土地的农民身上。靠土地为生的农民们一下子遭了殃。他们被赶走，住的房屋被拆除，原来用于种粮食的土地都被圈占起来养羊。一时间，英国到处都是被木栅栏、篱笆、沟渠和围墙分成的一块块的草地。农民们无家可归，只有到处流浪。这就是历史上有名的“圈地运动”。

哭泣的农民

圈地运动时期，有一个有钱有势的人叫约翰·波米尔，他也同其他的贵族一样，通过强行手段占有了很多农民的土地。农民的房子有些被他拆掉，有些被他派人放火烧掉。如果谁敢反抗，他就会率领打手拿着刀剑和木棒，包围那个人的家，然后哪怕是家中的小孩子，他们也不会放过。很多人被打成残废，甚至被打死，还有的被投进了监狱……

其实，约翰·波米尔不过是个代表，正是由于大量“约翰·波米尔”的存在，使得英国后来一半以上的土地都变成了牧场。

英国国王虽然也曾颁布过限制圈地的法令，但并没起多大的作用。而对于被驱逐的农民，国王则明确指示：凡是有劳动能力的游民，如果不在规定时间内找到工作，一律加以法办：第一次被抓，就要挨打，然后被送回原籍；如果再犯，就要割掉半只耳朵；而第三次他还是“游手好闲”的话，就要处以死刑。这样一来，那些从家园中被赶出来的农民，就必须接受一些工资低廉的工作。但尽管如此，还是有很多人因为不能找到工作而被处罚。甚至到后来，流浪者的子女也无法幸免，都被抓去做学徒，当苦役。

廉价的劳动力

亨利八世和伊丽莎白时期，英国农民的数量越来越少。失去土地的农民每天要工作十几个小时，而工资却少得可怜。

18世纪后，英国国会通过了大量的准许圈地的法令。这样，圈地运动就合法化了。英国农民的人数也为此减少到了有史以来的最低数量。

知识链接

亨利八世和伊丽莎白时期，大批流浪农民被处死。为了活命，失去土地的农民不得不寻找新的出路。他们开始进入羊毛制品等手工工场，成为资本家们的廉价劳动力。

强大的阿克巴

1505年，一支彪悍的骑兵从印度西北边境越过崇山峻岭，闯入印度河流域。这支骑兵的首领名叫巴布尔，出生在中亚细亚塔什，他自称是帖木儿六世的孙子。

文盲称帝

巴布尔建立了莫卧儿帝国，统一了印度北部。待巴布尔死后，其子胡马雍登基，常常为没有后代接替皇位而暗自叹息，整日郁郁寡欢。

1542年10月14日，阿克巴终于出世了。胡马雍喜出望外，遗憾的是，儿子虽然聪明，可到读书年龄，他就是怕念书。阿克巴13岁时一字不识，每天只知道和小伙伴在宫中饲养小动物。望着阿克巴，胡马雍常常仰天长叹："莫非是天意！"

1556年，胡马雍死于意外，14岁的阿克巴继承王位，成为莫卧儿王朝的帝王。首相伯伊拉对阿克巴从来不恭敬，还经常讥笑他："文盲称帝，天下必乱。"伯伊拉一直认为阿克巴不仅是文盲，还傻里傻气的，夺他王位岂不轻而易举！

1560年5月的一天夜晚，首相伯伊拉领兵两千余人谋反，悄悄地把皇宫包围了。岂知阿克巴早就料到首相伯伊拉的阴谋，伯伊拉冲进王宫，见宫中空无一人，他意识到已中计，可是已经来不及撤退了。阿克巴率领禁卫军把叛军围得水泄不通，无奈之下的伯伊拉只好缴械投降。翌日，阿克巴就平定了首相之乱。

自此以后，阿克巴亲自处理国事朝政，取缔了人头税和田赋附加税，若是遇上干旱水灾的年份，一律免缴田赋。百姓们编了这么一首歌谣来赞美他：“文盲皇帝为人民，为民造福人人爱……”

解救总督之妻

当时，印度有一种愚昧、残忍的习俗，如果丈夫在妻子之前死去，做妻子的就必须要跳进火坑里为丈夫殉葬。阿克巴在书中得知这种残酷的风俗后，十分气愤，心中感叹道：“不知有多少可怜的女人死在了这恶习之中，眼下，这风俗依旧存在。早晚我要将这个陋俗给革除掉。”

知识链接

印度是一个历史悠久的多民族国家，其中各个民族都有着自己的宗教信仰。印度是世界上宗教种类最多的国家，因此印度又被人们称为“宗教的博物馆”。

一日，阿克巴正在皇宫里举行宴会，忽然有人来报说孟加拉的总督死了，他的妻子正准备跳火坑呢。阿克巴闻言立刻飞身上马，向着孟加拉的总督府赶去。当他来到大院子里的时候，只见火堆旁已经围满了人，熊熊的火焰把整个院子都映红了。这时，一个女子被几个家丁捆绑着向着火堆走去。在这关键时刻，不知是谁突然喊道："君王驾到。"火堆旁的人们都立刻跪了下来，经过了解，原来那个被捆绑着的女子正是死去的总督的妻子，她抬起头，看着阿克巴，眼睛里满是乞怜和期待。

阿克巴走到她的跟前："你是自愿的吗？" 那女子跪倒在阿克巴的脚下，哭着说："我伟大的君王啊，谁会愿意被火活活烧死呢。只因夫家的人怕我分到遗产，逼迫我殉葬啊！"说完嘤嘤地哭着。

阿克巴听了女子的叙说，顿时火冒三丈，立刻命卫兵把火给灭了，然后当众宣布："大家都给我听着，以后谁要是敢逼迫女子跳火坑，我就把他给烧死。"从此以后，这个愚昧、残忍的习俗便没有了。

朝鲜“龟船”打败侵略军

16世纪后期，日本出了个独裁统治者，名字叫丰臣秀吉。他不断地发动战争，最终统一了日本。丰臣秀吉自从统一日本后，便开始大肆扩张，到处掠夺土地和财富，而第一个目标便是邻国朝鲜。

贪吃的后果

1592年4月的一天，丰臣秀吉命令加藤清正等人率陆军十几万人，九鬼嘉隆率水兵近万人、船只700多艘，从日本出发，于今韩国的东南方登陆。紧接着他又兵分两路，向北侵袭，最终到达了朝鲜的玉浦港口。

这些刚刚到达玉浦港的日本水兵，实在是无法忍受船上单调的食品，都吵闹着要上岸去大吃一通。水兵首领狠狠地教训了这群水兵：“你们不想活啦，朝鲜人不

是好惹的。”可是没过多长时间，那个水兵首领自己也忍不住了，就对部下说：“咱们上岸，多抢些吃的回来。”

这下水兵们高兴了，一个个争着上岸，结果导致留守在船上的士兵只有很少的一部分。那些跳上岸的士兵们就像饿狼一样，闯进村子里疯狂扫荡起来。他们无恶不作，在村子里又是抢又是杀，老百姓真是有苦不能言。

这时，朝鲜将军李舜臣根据情报，得知停泊在玉浦港的日本船上大部分的士兵都去岸上抢劫了，便趁机指挥90多艘龟船去偷袭日军船只。留在兵船上的日本水手们，从未见过这种战船，远望还以为是一群大海龟呢！直到李舜臣所率领的战船上的炮弹飞到他们的甲板上，他们才惊叫不好。这时船上的日本水兵们像炸开了锅似的，在甲板上仓皇乱跑，有的干脆直接抱起头蹲在地上。

然而，一切都是徒劳，在李舜臣的指挥下，数千道炮火扑向日本战船。很快日船上浓烟四起，惨叫声连连。在猛烈的炮火下，日军抱头鼠窜，鬼哭狼嚎，转眼间几十艘日船就被炸得粉碎。得意忘形的日本兵船就这么被“大海龟”们消灭了。

卫国之战

李舜臣原本只是一个小小的狱卒，因为他智勇双全，表现突出，被朝廷提拔为全罗道左水使，把守朝鲜海峡。在上任初期，他就看出了日本人的贪婪本性，因此特别注重水师的训练，还特地改良了前人所设计的龟船。

1597年的冬季，朝鲜得到了中国政府的支持，李舜臣率领着中朝联军同日本水师在露梁海打了一场空前激烈的海战。

深夜时分，500余艘日船抵达露梁海。而龟船同时发出猛烈的炮火，海面上烈焰滚滚，亮如白昼。战士们勇敢地跳上敌船，杀得敌人一点招架之力都没有。

战斗持续到第二天，到了中午时分，中朝两国的联合水师共击毁日军船只400余艘，消灭日军上万人。

从此，朝鲜长达6年的卫国战争终于以中朝联军的胜利而结束。此场卫国之战起始于1592年，是农历的壬辰年，因此在朝鲜历史上又被称作“壬辰卫国战争”。

知识链接

相传，有一天，李舜臣做了个十分奇怪的梦。他在梦里见到一只龙头海龟的嘴里在向外不停地喷火，任何武器都无法穿透它的龟甲。他醒后，立刻来了灵感，马上吩咐工匠去建造一艘由粗大松木拼成的铁甲船，船首形似龙头，身似乌龟，炮火可以从“嘴中”射出，龟船的名字便由此而来。

中国和日本的“闭关锁国”

闭关锁国是指不与外界交流、沟通的一种外交策略，限制了对外经济、科学和文化等多方面的交流。这种政策虽然可以暂时地抵御外敌的侵略，但是最终的结果就是造成本国百姓愚昧，国家落后。

乾隆皇帝的自大

乾隆当上皇帝以后，沿袭先祖的海禁政策。在18世纪中期，清朝有4个可以与外国通商的口岸，不少外国商人都来进行贸易活动。其中，便有臭名远扬的东印度公司，这不得不让乾隆皇帝心生警惕。

1757年，乾隆颁布圣旨——这道圣旨从京城传到沿海各省，规定除广州之外，停止厦门、宁波等港口的对外贸易，这就是著名的“一口通商”政策。还特地指出外商不得与官府交往，一切有关对外贸易皆由“广州十三行”来负责。这一圣旨，标志着清王朝从此彻底实行闭关锁国的政策。

1759年，清王朝又颁布了《防夷五事》，规定在广州的外商必须住在指定的会馆中，不许在广州过冬，不得出去旅游，还特别规定“番妇”不能随同前往，中国商人不得向洋商借款或受雇于外商，不得给外商打听商业行情。

西方列强迫切想要打开中国市场，三番五次向中国派遣使者，企图说服乾隆皇帝，但是都遭到了乾隆的严词拒绝。1792年，英国向中国派出马戛尔尼使团。英国人为了实现外交目的，虽然进行了充分准备，甚至不惜委曲求全，但是仍无所获。在给英王乔治三世的信件中，乾隆不无自大地说，中国地大物博，不缺任何东西，不需要对外贸易。

清朝的统治者们总认为中国是最强大的。英国、荷兰和葡萄牙企图在中国站稳脚跟，但都是以失败告终。中国与西方的贸易也仅仅停留在瓷器、丝绸等方面。

德川幕府的统治

16世纪中叶，葡萄牙人来到日本。几年后，传教士弗朗西斯·哈维尔开始了在日本的传教活动。西方列强借助传教的机会慢慢地向日本渗透，日本的天主教徒人数曾经一度达到70万。那时，日本正处于动乱时期，诸侯国之间不断地发生征战，直到17世纪初，日本才完全统一起来，德川家康成了国家中最有权势的人，于政府首脑和最高统帅为一身。

知识链接

清代的闭关锁国阻碍了中国的发展，结果鸦片战争后，导致中国成为半殖民地半封建社会；而日本在西方坚船利炮的威逼利诱下，进行明治维新，最终成为资本主义强国。

德川幕府建立之后，为了加强与巩固统治，防止国外势力对日本的侵入，开始奉行“闭关锁国”的政策。上任不久，德川家康就开始清理欧洲的影响——欧洲人被全部驱逐出境，基督徒也遭到了残酷的迫害。到了17世纪中期，基督教徒便在日本国内销声匿迹了。

从1633年开始，德川幕府就不断地颁发“锁国令”，禁止本国人与外商进行贸易活动，把许多外国商人及宣教士赶出国去，只和中国、荷兰两国通商，而且通商地点仅限于长崎一带。同时，幕府还规定外国人不能进入日本，日本人也不许到国外去。

伟大的复兴时代

当你观看文艺复兴时期的绘画和雕塑的时候，你会发现那些人物在历经千年之后，依然栩栩如生。他们似乎在邀请我们去倾听那个时代的故事，去赞美他们的伟大创造。

“黄金时代”

文艺复兴时期的著名学者菲奇诺曾经直截了当地说，自己的时代是人类历史上的“黄金时代”。虽然，一大批文艺复兴时期的大师们，从来没有给自己所处的时代留下过如此高的评价，但菲奇诺却是如此的自信。

我们有理由相信，真正的黄金时代是在以后的年代。因为随着科学文化的发展，昨日的辉煌很快就会被今日所取得的成就淹没。但是人们还是不会忘记这个欧洲历史上的“黄金时代”。那么多的伟人，那么多的佳作，于后人而言的确是一笔巨大的财富。

无畏的勇士们

彼特拉克，第一个提出要和基督教教会抗争，因此被称为“人文主义之父”，被认为是文艺复兴的先驱。

但丁，在《神曲》中把主教和僧侣都打入了地狱，甚至给活着的基督教教皇在地狱里也留了一个位置——这是对基督教的大胆反抗。

薄伽丘，在他的《十日谈》中，尖刻地讽刺了当时的教士和贵族，对人的智慧和奋斗精神大加歌颂，这是凡人对教会神权的大胆挑战。

瓦拉，历史学家，有力证明了《君士坦丁献土》这个象征教皇权力的文件是伪造的，从而拆穿了教皇骗人的把戏。

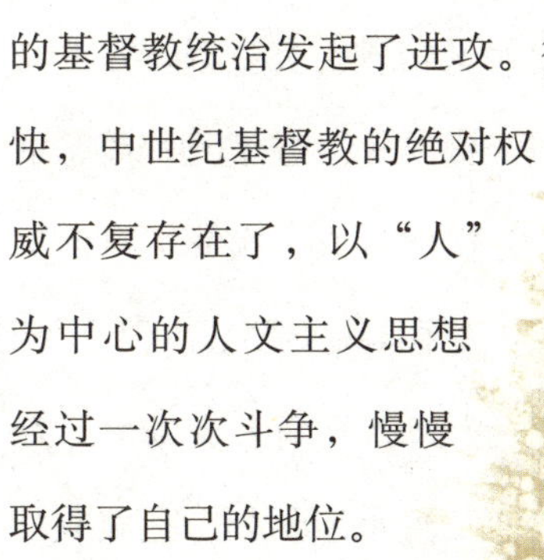

这些无畏的勇者，向黑暗腐朽的基督教统治发起了进攻。很快，中世纪基督教的绝对权威不复存在了，以“人”为中心的人文主义思想经过一次次斗争，慢慢取得了自己的地位。

大师的风采

意大利的建筑家布鲁内列斯基修建了著名的佛罗伦萨大教堂的中央圆顶。中央圆顶有60多米高，如此雄伟壮丽的建筑，即使和现在人们修建的高楼相比也毫不逊色。

多纳泰罗为帕多瓦城城中广场雕刻的军人骑马像，充满生气，军人的英勇和威武，呼之欲出。无论怎么看，都是一件完美的艺术珍品。

达·芬奇，这个中世纪天才总会让人想起金庸笔下的东邪黄药师。这个缪斯宫中的宠儿，注定是争议中的传奇。他行为诡异，蔑视道德。在给米兰公国洛多维柯·斯福查公爵的自荐书中，达·芬奇说自己是工程师，可以制造器械，进行海底作战；是军事家，可以使士兵挖掘隧道而不出声；是建筑家，可以修筑抵御敌人炮弹的城墙；是水利家，可以疏通整个城市的管道；最后说自己还是个画家和雕塑家。但让人无语的是，他说的都是真的。他在美术上的成就尤为突出。他的杰作《蒙娜丽莎》至今仍在法国卢浮宫展出。《蒙娜丽莎》中的那位少妇优雅、端庄。当你猛然看去，她发自内心的微笑给人一种柔和、温馨的感觉；当你再走近画像时，她又仿佛是在嘲讽。她的微笑，如此神秘，让人沉迷。达·芬奇的绘画《最后的晚餐》，生动地描绘了耶稣在被捕前和门徒的聚餐。当耶稣向门徒说出“你们中有人出卖我”时，12个门徒的不同表情跃然纸上。此画被誉为“人类绘画中的极品”。

和达·芬奇同时代的米开朗琪罗，在建筑、雕刻、绘画上也做出过很大成绩。他设计的罗马圣彼得大教堂的圆顶，一直为后世所仿效。他雕刻的《大卫》是个身材健美、精力充沛的男子。在大卫的身上，我们可以看到他对正义的执着和蓬勃旺盛的斗志。米开朗琪罗在罗马教皇的梵蒂冈皇宫里创作了大量的壁画。遍布大厅四壁和屋顶的绘画，与建筑的装饰相得益彰，给

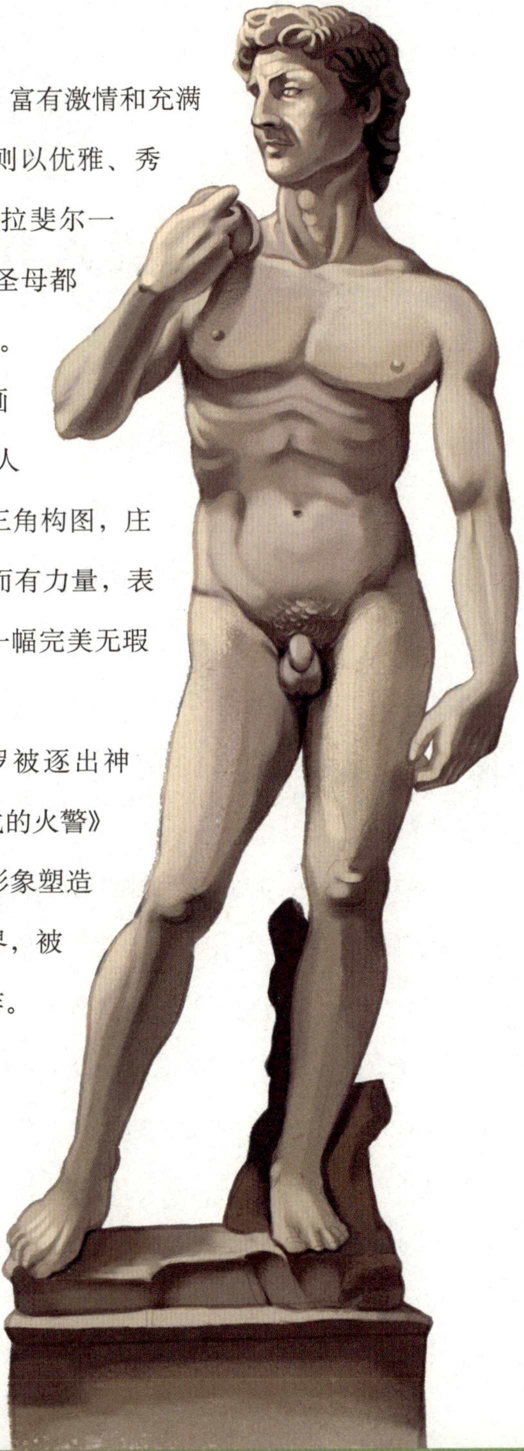

人以庄重鲜明、丰富多彩之感。

与米开朗琪罗的博大、雄伟、富有激情和充满力量的风格相比，拉斐尔的艺术则以优雅、秀逸、和谐和高度的完美为标志。拉斐尔一生画过一系列圣母画像，他画的圣母都以母性的温情和健美的姿态出现。1512年至1513年绘成的大型油画《西斯廷圣母》，人物形象和真人大小相仿，由圣母、圣徒组成的三角构图，庄重均衡，圣母和耶稣的体态健美而有力量，表现了母爱的幸福与伟大，堪称是一幅完美无瑕的作品。

此后他绘制的《埃利奥多罗被逐出神殿》《波尔申纳的弥撒》《波尔戈的火警》《加拉泰亚的凯旋》等作品，在形象塑造和光色运用方面都达到了新的境界，被誉为古今壁画艺术的登峰造极之作。

诗人但丁

但丁出生于意大利的一个普通的贵族家庭，在他很小的时候，他的母亲就去世了。但丁一生著作颇多，其中《神曲》对后世的影响最大。

《神曲》的诞生

那是一个阳光温暖的早上，微风吹拂着野草，柳条摆动着纤细的腰肢。阳光洒落在美丽的阿尔诺河的河面上，水面上波光粼粼，把桥畔映得美轮美奂。

一位美丽的少女在侍女的陪同下向着桥上走来。此时，但丁正从桥的另一头迎着这位少女往桥上走，两人在桥上邂逅。但丁看着她，既惊喜又怅然。然而少女却手捧着鲜花，双目看着前方，如同陌路人一样从但丁身边走过，就好像根本没有看见但丁。但她的眼神以及脸上泛起的红晕早透露出了少女情动的信息，但丁与她一见钟情，不能忘怀。

这个手里捧着鲜花的女孩便是但丁的梦中情人——贝特丽丝。遗憾的是贝特丽丝后来遵从家人之命，嫁给了他人，婚后不久就因病去世了。贝特丽丝的死去，带走了但丁的希望也带走了他的心，也把美丽和

忧伤留给了他。但丁是一个专情的人，他矢志不渝地爱着她，永远地爱着她，直到生命结束。

正是这美妙而哀伤的爱情催生了《新生》，也正因为童年的那次邂逅，才造就了旷世诗作《神曲》。而这一切都奠定了但丁作为“中世纪的最后一个诗人，新时代来临的第一个诗人”的伟大地位。

莫名其妙的铁匠

有一天，但丁途经一家铁匠铺，听到铁匠把他的诗歌任意哼唱，前句不搭后句。但丁没有因诗歌被传唱而高兴，相反，他冲进铁匠铺把铁匠的工具一件件扔在了街上。铁匠气疯了，大吼道：“你干什么？为什么损坏我的工具？”但丁愤怒地看着他：“不许你再毁坏我的东西了，不然我也要毁坏你的东西。”铁匠听得一头雾水：“我毁坏了你的什么？”但丁答道：“你没有遵照我写的诗歌去唱，你是在毁坏我的作品！”

知识链接

但丁与他的恋人贝特丽丝当时邂逅的地方是一座横跨在阿尔诺河的古桥——在第二次世界大战中，这座古桥所在的城市被纳粹分子的炮火几乎夷为了平地，然而幸运的是这座桥却安然地保存了下来。

薄伽丘和《十日谈》

薄伽丘从小就表现出桀骜不驯的性格，长大后向往民主和自由，对当时教会的黑暗统治十分反感。有一次，据说他在愤怒之下，竟要把自己所有的作品都烧了，其中也包括《十日谈》，幸好他的朋友及时制止了他，《十日谈》才得以保存下来。

书名的由来

在基督降世一千多年后，意大利美丽的城市佛罗伦萨，发生了一场可怕的瘟疫。这场可怕的瘟疫迅速地蔓延——当时的人们把这瘟疫叫作“黑死病”。一时间所有人心里都充满了恐惧，认为这是世界末日的前兆。

在佛罗伦萨还在闹瘟疫的一个早上，7位美丽年轻的姑娘，在教堂遇上了3位英俊的青年男子。7位姑娘中正好有这3位年轻男子的恋人，别的几位也与他们多多少少有些亲戚关系。

他们决定离开佛罗伦萨这座被死亡笼罩着的城市。按照约定，他们于两天后到了郊外的一所别墅里。那里山清水秀，阳光明媚，花儿姹紫嫣红，鸟儿欢快地在枝头歌唱。虽然大家心中都对瘟疫还是充满着恐惧，但是年轻的他们很快便走出了恐惧的阴影。10位贵族男女便约定用讲故事的方式来消磨这段时光，用笑声将死亡的气息淹没。

在如火的夏日里，他们坐在阴凉的树荫下，大家说好每人每天讲一个优秀动听的故事，以此来打发一天中最难熬的时光。

一转眼10天过去了。在这10天中，他们刚好讲了100个故事，这些故事就成了今天的《十日谈》。

知识链接

《十日谈》是薄伽丘写的一部最为人们熟悉的文学作品。小说写得十分精彩，深得人们的喜爱，也因此为他赢得了“欧洲短篇小说之父”的光荣称号。当时有位著名的理论家将他的《十日谈》与但丁的《神曲》相提并论，并称之为《人曲》。

《十日谈》里的故事

《十日谈》里面的人物繁多，情节生动，好比一幅意大利文艺复兴时期市民生活的“清明上河图”。

书中的故事几乎包括了当时社会的各界人士：从国王、贵妇到牧师；从银行家、诗人、仆人到高利贷者、守财奴等。他们扮演了一幕幕或喜或悲、妙趣横

生的话剧。在欧洲文学史上，用现实主义的写作手法为人们描绘出如此广阔的世间百态，薄伽丘可以称得上是第一人。

在《十日谈》里，作者宣扬男女平等，称赞爱情是高尚圣洁的，批判教会的禁欲主义。

作者在第四天的故事里讲述了一个叫“绿鹅”的故事：一个父亲为了防止他的儿子禁受不住这个尘世生活的诱惑，便带着他隐居在大山之中修行。儿子18岁的时候，随父亲下山到佛罗伦萨，迎面碰上了一群健康、美丽的少女。第一次见到女性的儿子便好奇地问父亲前面的这些是什么动物，父亲支支吾吾地说这是一群名叫“绿鹅”的动物，是一群祸水。但儿子对“绿鹅”很感兴趣，请求他的父亲给他买一只“绿鹅”带回家去养。老父亲经过思考后，弄懂了一个问题：“任何教条戒律都是无法改变人类对美好事物的向往。”

才华出众的波提切利

波提切利出身贫寒，但他才华出众。在他还是个青年的时候，就已经是佛罗伦萨的统治阶层——美第奇宫廷中的座上客。在王宫里，他认识了不少作家和诗人。因此，他的画作里往往会有一种诗意的感觉，但也多少流露出贵族淡淡的哀伤情怀。

晚年潦倒的天才

波提切利出生于一个普通的手工业者家庭，小时候很贪玩，学习成绩很差，在父母亲眼中是一个没有前途的孩子。等到他长大了一些后，他的父亲只好将他送到一家金银作坊去当学徒。在做学徒期间，他迷上了绘画艺术，而且很快他的绘画天赋便得到了一个银行家的赏识，从此成了银行家最喜欢的画师。

此后不久，波提切利认识了一个人，名字叫利比——他既是波提切利的师长，又是他的朋友。利比也是一位有名的画家，波提切利跟着他花了整整4年的时间学习画画的技巧，并获得了很大的提高。和利比分别之后，波提切利又拜于雕刻家安德烈·佛罗基俄的门下，在这里，他认识了又一位伟人达·芬奇。

1485年，他创作出一幅惊世之作《维纳斯的诞生》，受到了不少人的热捧。1492年，社会动荡，百姓生活在苦难之中。波提切利的心被触动了，他的人生观和艺术观再次发生变化，使得他的绘画水平进一步提高。

然而，波提切利的晚年是在孤苦伶仃中度过的。他年老体衰，行动不便，难以从事绘画工作。1501年5月的一天，波提切利在家中安静地死去，最后被好心的群众安葬在教堂的“全体圣徒”之墓里。

“大地回《春》”

《春》是波提切利的得意之作，创作于1482年，那时他才年仅37岁，正处于人生辉煌时期。

《春》描绘的是早晨时分的场景——在绿油油的草地上，点缀着盛开的花朵。画的正中站着的是维纳斯，面带淡淡的忧伤。在她的右边是3个身着薄纱的女神——她们沐浴在阳光下，正携手起舞。女神们显得圣洁美丽，脸上有着令人难以捉摸的神情。她们一旁站着的是众神使者墨丘利——他挥舞权杖，正在驱散着冬天的乌云。在维纳斯的左边，依次为花神、春神与风神——花神身着盛装，头戴花环，正以优美的步姿向前走来，将鲜花洒满大地，寓意“春回大地，万物复苏”的季节即将到来。而维纳斯上方飞翔的爱神丘比特，正蒙着他的双眼射出他代表爱情的金箭。

尽管有许多绘画作品描绘春天，然而还没有一幅作品能与波提切利的这幅《春》相提并论。波提切利那秀逸的风格、明丽灿烂的色彩、流畅轻灵的线条，以及细润而恬淡的诗意风格，深深地影响了一代又一代的艺术家。

知识链接

波提切利是欧洲文艺复兴时期有名的画家，原名叫亚里山德罗·菲力佩皮，波提切利只是他的一个艺名而已，在意大利语中是“小桶”的意思。

“全能天才”达·芬奇

在意大利，达·芬奇这个名字可以说是无人不知，无人不晓。虽然他已经逝世500多年，但人们对他的研究却从未停止过，甚至还特地成立了研究达·芬奇的专门机构。由此可见达·芬奇的强大影响力。

特立独行的达·芬奇

在那个黑暗的神权社会里，达·芬奇毫不畏惧地说：“真理在宗教里是寻求不到的，它仅仅存在于科学之中。”

他背上画夹去看刽子手执行绞刑——当囚犯在绳索上拼命挣扎的时候，几乎所有的人都转过身去，唯有达·芬奇一个人，忘我地将受刑者临近死亡时的面孔画在图纸上。

这还不算是令人吃惊的，他还曾一个人深夜里偷偷地跑到医院的太平间里对人体进行解剖，从而了解人体的骨骼结构，因此他画出了被人们公认为是最完美的人体黄金比例图——《维特鲁威人》。

谜一般的达·芬奇

达·芬奇无疑是个有趣的人，他一边抨击天主教为“一个贩卖欺骗的店铺”，一边从梵蒂冈接受了数百项基督教题材的绘画工作。不可否认的是，这位顶尖的天才的确干得不错，《最后的晚餐》《岩间圣母》《安吉里之战》等几乎都成了艺术史上的杰作。

不过达·芬奇有时候喜欢做一些恶作剧，他常常在自己的作品中暗动一些手脚，而别人却怎么也搞不清到底问题出在哪里。他喜欢在自己的画作中打哑谜，搞得后人在他身后一直上演着“达·芬奇密码”。直到今天蒙娜丽莎的微笑依旧神秘莫测。

有一些学者甚至猜测，那一抹浅浅的微笑会不会是他本人对世人的嘲笑——据说用高端科技扫描出来的蒙娜丽莎的脸型，与达·芬奇的脸型竟然非常相似。

知识链接

在欧洲文艺复兴时期，达·芬奇在艺术和科学领域中取得的成就非常高。正如一位哲学家所说：“如果说艺术和科学是上帝赠送给人们最好的礼物，那么达·芬奇无疑是礼物中的礼物。”恩格斯也曾称赞道：“他是巨人中的巨人。”

雕塑家米开朗琪罗

米开朗琪罗从小就被父母送到了一个名叫塞提雷诺的小镇上，由一位奶妈带养。塞提雷诺镇是一个林木茂盛、宁静美丽的地方，米开朗琪罗在这个宁静的小镇上度过了大部分的童年时光。

小镇得石

米开朗琪罗的奶妈的丈夫是塞提雷诺小镇上一名经验丰富的石匠，他成天跟在奶妈的丈夫身边，玩弄着他的工具，看他开凿石头。

有一天，贪玩的他来到小镇上，看见有个商店面前有一块很好看的石头，就上前问价。商店的老板笑着对他说：“都已经好多年了，还没有人来问过这块石头，我也看不出它值几个钱，放在这里也占地方，如果你喜欢的话，拿走便是了。”米开朗琪罗很高兴地把这块石头带走了。

陋石变雕像

等到米开朗琪罗回到家后，他花了足足一年多的时间，才将这块石头雕刻出来——雕刻的是耶稣被人们从十字架抬下来后，躺在圣母马利亚怀里的情景。雕像栩栩如生，就好像耶稣会突然醒过来似的。从这雕像上，甚至能让人感受到圣母马利亚眼中淡淡的泪光。

等雕像完成后，米开朗琪罗特地把那位赠他石块的商店老板请到家中参观。商店老板看到雕像后惊呆了："你这是在哪里找来的石头，简直太完美了！"米开朗琪罗说："难道您还没认出来吗，它就是您当日送给我的石头呀！"商店老板饶有兴致地称赞道："那么难看的石头怎么会变成如此美妙的雕像呢，告诉我，你一定有什么诀窍吧！" 米开朗琪罗回答说："我没有诀窍，我只是一心想着把这块石头雕刻出来。当我看见那块石头的时候，我仿佛看见了它被雕刻好时的样子。"

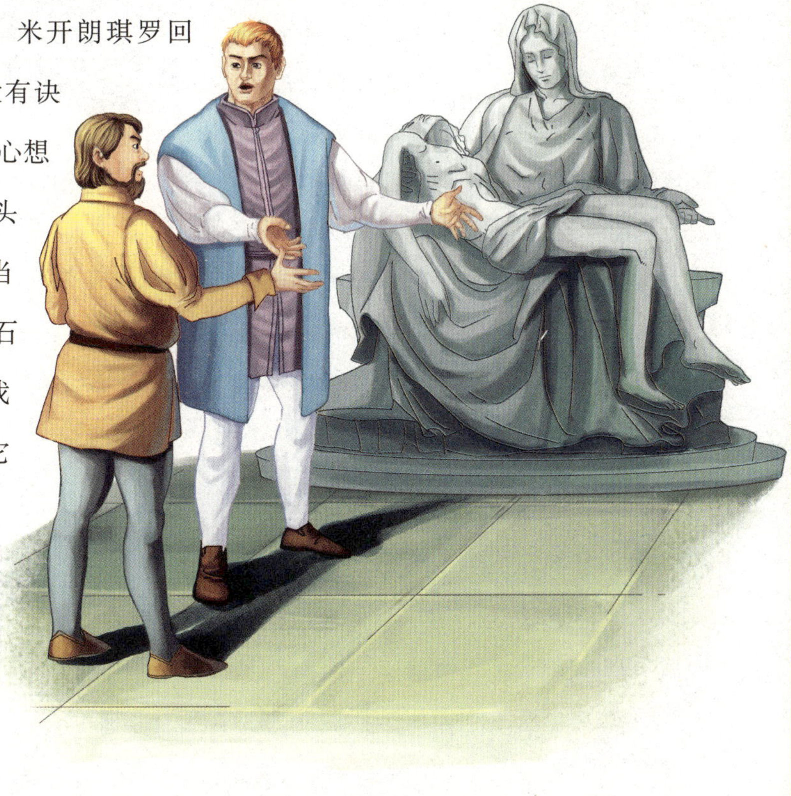

知识链接

米开朗琪罗是文艺复兴时期的一位伟大的雕塑家，出生于1475年。相传他花了足足3年时间，才完成了举世闻名的雕塑——《大卫》。

寒窗苦读
——中国古代的科举制度

在中国古代，儒生都本着“十年寒窗无人问，一举成名天下知”的想法而参加科举考试。自隋唐之后，参加科举考试几乎是所有读书人的不二选择，科举考试是他们进入仕途的唯一途径。只有参加了科举考试，他们才能实现远大的政治抱负。

科举制度的兴荣

跟察举制相比，科举是一种全新的官吏选拔方法。它取代了以往的论才论德的选拔方法，偏重于以文取人，在一定程度上弥补了察举制度的不足之处。

科举制度萌芽于隋文帝时代。虽然它还处于幼稚时期，但对于普通读书人来说终于有了出人头地的机会了。“丈夫生世会几时，安能蹀躞垂羽翼”，在门阀时代，寒士毫无晋升的可能。科举时代的来临，让寒士也有了入朝为官的机会了。

在隋朝大业年间，已经设置了明经、进士二科，这标志着科举制度的正式产生。后来，唐代建立、继承了隋朝的人才选拔制度，并进行了一系列的完善和改革，从此，科举制度渐渐地成熟起来。唐代科举，不仅要看考核成绩，还要有名望的人举荐。于是，许多考生纷纷投入高官文士门下，向他们交上自己的得意之作，这便叫作投卷。投卷确实不失为一种发现人才的有效办法，如大诗人白居易就是向顾况这位文学大师投了一首《赋得原上草》从而受到了举荐。唐太宗李世民在位期间，十分注重人才的培养，曾一度扩大国学的规模。

到了清代的时候，统治者又进一步发展了科举考试各项规章制度，形成了一套比以往任何一个朝代都更加周密和严格的制度。曾有相当一批发誓不与清廷合作的读书人最终没能抵挡住科举考试的诱惑，纷纷进入考场。

知识链接

在中国古代科举考试中，最高一级的考试是殿试。殿试是由皇帝亲自考核，其考核成绩排名榜为“金榜”。“金榜题名”一词便是由此而来，又因为写在黄纸上，上面还盖有皇帝的大印，所以又名曰“皇榜”。

科举制度的灭亡

科举制度施行后，全国办私塾，设学堂，教育有了很大的发展。但是到了满清末期，科举制度已经腐朽不堪，许多有识之士，观照西方的文化教育、科学的进步，发出了“科举制度非改不可”的呐喊。

1905年9月初的一天，一张诏令从紫禁城里传了出来，延续了1300多年的科举制度被废除了。清政府这一举动对中国社会产生了重要影响。有关科举，往往是褒贬不一。在科举制度被废除的第六个年头，中国最后一个封建统治王朝便随之灭亡了。

科举制度被废除后，现代教育轰轰烈烈地开始了。全国各地的学堂如雨后春笋般设立，到1912年，全国已有多达6万多所学堂。新学堂不仅引进西方先进的教育理念，还增设许多基础科学科目，为中国的发展和前进奠定了基础。

图说天下学生版

历史其实很有趣儿

（世界卷）